Minecraft

我们的

我的世界

绝密的建筑39技全公开

我的世界职人组合 著

杜玉婷 译

辽宁人民出版社

主要方块的不同读法表

本书以面向 PC/Mac 客户端的 Minecraft 1.10 版本为基础编写而成。玩家可以通过此读法表来了解这些方块在 PS Vita/PS4/PS3/Wii U 等其他版本中的应用。在 Xbox One/Xbox 360 等其他版本的 Minecraft 中会存在操作以及物品名不同的情况。

PC 版本（本书的标记）	PS Vita/PS4/PS3	Wii U	手机 / 平板
粗粒土	粗粒土	荒土	−
圆石台阶	石头榻榻米台阶	石头台阶	石头台阶
石压力板	压力石板	石头的压力板	石头的压力板
玻璃板	玻璃板	玻璃板	玻璃板
彩色玻璃	彩色玻璃	彩色玻璃	−
彩色玻璃板	彩色玻璃板	彩色玻璃窗	−
彩色羊毛	彩色羊毛	彩色羊毛	彩色羊毛
凋零骷髅头	凋零骷髅头	凋零骷髅头	凋零骷髅头
末地石	末地之石	末地之石	末地之石
末影珍珠	世界尽头的珍珠	世界尽头的珍珠	末影珍珠
音符盒	声音盒	声音盒	声音盒
橡木	橡木	橡木	橡木
地毯	地毯	地毯	地毯
画	画	画	画
硬化黏土	变硬的黏土	硬化黏土	硬化黏土
告示牌	告示牌	告示牌	署名
爬行者头颅	爬行者头颅	Creeper 头颅	Creeper 头颅
萤石	发光石头	发光石头	发光石头
原木	木头	木头	木头
苔石	苔石	苔石	苔石
青苔石砖	长着青苔的石砖	长着青苔的石砖	长着青苔的石砖
南瓜灯	南瓜灯	南瓜灯	南瓜灯
测重力板	重量感知板	重量感知板	重量感知板
白桦木	白桦木	白桦木	白桦木
蠹虫石砖	蠹虫石砖	Silverfish 石砖	−
蠹虫石	蠹虫石	Silverfish 石	−
蠹虫苔石砖	蠹虫苔石砖	Silverfish 苔石砖	−
蠹虫裂石砖	蠹虫裂石砖	Silverfish 裂石砖	−
蠹虫圆石	蠹虫圆石	Silverfish 圆石	−
蠹虫錾制石砖	蠹虫花纹石砖	Silverfish 花纹石砖	−
海灯笼	海之灯	海之灯	−
煤矿石	煤炭之原石	煤炭之原石	煤炭之原石
火把	火把	火把	火把
黑橡木	深色的橡木	黑橡木	黑橡木
暗海晶石	暗海晶石	暗海晶石	
柱状下界水晶方块	石英方块之柱	柱状石英方块	柱状石英方块
梯子	梯子	梯子	梯子

PC 版本（本书的标记）	PS Vita/PS4/PS3	Wii U	手机 / 平板
发射器	分配器	发射器	发射器
陷阱箱	带陷阱的箱子	陷阱箱	陷阱箱
下界水晶	暗黑石英	黑暗石英	黑暗石英
下界水晶矿石	暗黑石英矿石	黑暗石英矿石	黑暗石英矿石
下界水晶台阶	石英台阶	石英台阶	石英台阶
下界水晶半方块	石英厚板	石英厚板	水晶半方块
下界水晶方块	石英方块	石英的方块	石英的方块
下界石块	暗黑石块	暗黑石块	暗黑石块
下界石砖	暗黑石砖	暗黑石砖	暗黑石砖
下界石砖台阶	暗黑石砖台阶	暗黑石砖台阶	暗黑石砖台阶
下界石砖半方块	暗黑石砖厚板	暗黑石砖厚板	暗黑石砖厚板
下界石砖栅栏	暗黑石砖栅栏	暗黑石砖栅栏	暗黑石砖栅栏
黏性活塞	吸着活塞	吸着活塞	吸着活塞
半方块	厚板	厚板	半方块、厚板
裂石砖	裂石砖	裂石砖	裂石砖
栅栏	栅栏	木栅栏	木栅栏
栅栏门	栅栏门	木栅栏门	木栅栏门
海晶石	海晶石	海晶方块	–
海晶石砖	海晶石砖	海晶砖	–
松木	云杉	云杉	云杉
圆石台阶	石榴榴米台阶	石台阶	石台阶
圆石 / 青苔石墙	圆石 / 生长着青苔的圆石墙	圆石 / 生长着青苔的圆石墙	圆石 / 生长着青苔的圆石墙
磨制安山岩	平滑安山岩	磨制安山岩	磨制安山岩
磨制花岗岩	平滑花岗岩	磨制花岗岩	磨制花岗岩
磨制闪长岩	平滑闪长岩	磨制闪长岩	磨制闪长岩
木板	板	木头板	木头板
木质压力板	感压木板	木质感压板	木质感压板
錾制下界水晶方块	花纹石英方块	花纹石英方块	花纹石英方块
羊毛	羊毛	羊毛	羊毛
红石比较器	红石比较装置	红石比较器	红石比较器
红石火把	红石火把	红石火把	红石火把

致亲爱的读者们

　　本书不是 Minecraft 的正式攻略书，Mojang 公司和 Notch 先生对本书的内容不负任何责任。

　　本书的内容以编写时的信息为基础，本书出售后，会存在内容发生变化的可能。另外，本书中的构造图是由编者十分细心地制作的，但是并没有约定必须完成，希望各位能够谅解。

　　本书界面的一部分是用 "Continuum 1.2.2" "Chocapic 13's Shaders V4" 光影以及 Tatra Edit 股份有限公司的资源包 "Blueprint v0.4" "allgreen" 制作而成，就算按照本书操作也会出现和本书中显示的界面不同的情况。

　　本书中记载的公司名、商品名、软件名是相关公司的商标或注册商标，本文中省略相关标识。

　　最后，本书能够出版，要对 Minecraft 的品牌准则（https://accout.mojang.com/documents/brand-guidelines）以及微软公司、Mojang 公司表示衷心的感谢！

CONTENTS
目　录

PC 版 1.10 版本登场！
我的世界最新消息

PC/Mac 版的我的世界的最新版本中增加了多种素材，主要是在生存模式中增加了能使冒险变得更有趣的怪物和动物！

冒险途中有变化，新怪物！

尸壳是在沙漠中出现的新怪物，玩家受到它的攻击，就会变成空腹状态！这家伙在阳光下也不会死亡，而且会持续攻击玩家。

流髑会在冰原等寒冷地带出现，它看上去像僵尸，但是右手拿着弓箭，和骷髅的行为相似，会攻击玩家！如果玩家被它发出的箭击中，动作会变迟缓。尽量左右移动，一边躲避一边打败它。

生存在雪中的生物——北极熊！

北极熊是在冰原等寒冷地带出现的新动物。带着家人的北极熊会攻击靠近幼崽的玩家，会拼命地生存下去。

寻找深藏在沙漠中的化石！

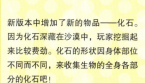

新版本中增加了新的物品——化石。因为化石深藏在沙漠中，玩家挖掘起来比较费劲。化石的形状因身体部位不同而不同，来收集生物的全身各部分的化石吧！

玩家发现形状各异的化石以后，可以用1.10版本的结构方块进行保存。

水上城镇和金合欢村庄等场景出现！

可以在热带干草原中建造村庄。因为这里的村庄在建造时使用了大量的金合欢木板，所以给人的印象和普通村庄不同。

新版本中可以在水上建造城镇。水上城镇的道路是用木板建造的，和草原上的村庄不太一样。

这是在针叶林地带生成的村庄。这个村庄的特点是大量使用松木木板，村庄的颜色稍微有些浓重。

新版本中也增加了居住着村民僵尸的村庄。玩家一定要注意，避免因不留神靠近村民僵尸而被攻击。

在生存模式中一定要警惕的新方块！

岩浆方块是在地狱出现的一种新方块，和熔岩一样炽热，玩家只要触碰到岩浆方块就会受到伤害。一定要注意，避免一不小心靠近它！

除了可以在村庄里建造道路等上次更新后增加的一些素材外，这次还增加了骨头、地狱疣等新方块。

对建造房屋有用的结构方块！

数据

这就是结构方块。它可以记录指定范围内方块的种类和位置，可以帮助玩家召唤出指定的方块。

草原中会突然出现建筑物，玩家右手上拿的结构方块是个秘密武器，可以利用它保存突然显现的建筑物，并在别的地方瞬间将其召唤出来。

结构方块是创造模式中专用的道具。玩家可以通过右图中显示的指令获取。

/give @p minecraft:structure_block_

PE 版本中也可以使用红石了！

这是在 0.14.0 版本中增加的红石。从 0.15.0 版本开始，玩家可以使用活塞和黏性活塞，利用它们制作自动门等装置。

新版本中也增加了马和马鞍等物品，更加接近 PC 版本。另外，僵尸村庄也会出现。

PS Vita 和 Wii U 版本可以玩迷你游戏哟！

PS Vita 版本和 Wii U 版本的家用游戏机中增加了迷你游戏的功能。玩家可以和朋友或全球玩家一起感受这场已经白热化的战争。不过，必须要联网。

本书的阅读指南

本书在前面介绍了一些建筑物的建造方法，不仅可以建造交通工具、动物和房屋，任何形状的物品都可按照一定的顺序组合。玩家的建造实力将会不断提高。

一边参照图中的建造方法一边建造吧！

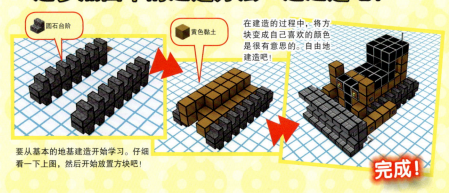

圆石台阶

黄色黏土

在建造的过程中，将方块变成自己喜欢的颜色是很有意思的。自由地建造吧！

要从基本的地基建造开始学习。仔细看一下上图，然后开始放置方块吧！

完成！

PC 专用！装有用来建造的资源包。

URL

goo.gl/G4n4Fp

首先从上述 URL 中下载资源包，然后点击我的世界的"设置"→"资源包"→"打开资源包文件夹"。

将在 PC 的下载文件夹中保存的"Blueprint.zip"拖动到按照上述顺序打开的"resource packs"文件夹中。

回到主界面，点击"设置"→"资源包"，再点击打开该画面的"Blueprint04.zip"的"▶"按键，然后点击"完成"，开始游戏。要想回到原来的状态，只需要点击"正在使用的资源包"中的"Blueprint04.zip"，然后移动到左侧即可。

界面变成了设计图！

下载资源包的 URL 的使用期限是 2017 年 6 月 30 日之前。这之后，URL 可能会出现链接无效的情况。

资源包的制作：@sonohka

第1章
建造交通工具模型

公共汽车

公共汽车代替我们的双脚在各个街道间运行着。玩家可以通过建造和轿车不一样的大型车辆，并改变设计来打造属于自己的独创公共汽车，还可以建造双层公共汽车，在公共汽车上画一些花纹也是完全没问题的。

第1章 建造交通工具模型

使用的方块

■羊毛 ■橙色羊毛 ■黑色羊毛 ■黄绿色羊毛 ■煤炭方块 ■淡蓝色黏土 ■云杉木板台阶 ■黑橡木木板 ■黑橡木木板半方块 ■地狱砖台阶 ■地狱砖半方块 ■白色玻璃板 ■橙色玻璃板 ■黑色玻璃板 ■黄色玻璃板 ■玻璃板 ■黑色玻璃 ■地毯 ■按钮 ■爬行者头颅 ■大锅 ■物品展示框

从前方看到的形状

这是从前方看到的公共汽车的形状，比轿车的车体大，呈四方形。镶嵌着爬行者头颅的物品展示框可以显示公共汽车的去向！

预期完成图

在各个街道运行的
公共汽车！

从侧面看到的形状

这是从侧面看到的公共汽车的形状，大概有12个方块长。这辆公共汽车是彩色的，玩家可以根据自己的喜好来改变车体的颜色。

STEP 1 建造公共汽车的车体

公共汽车比普通轿车大，但基本形状是一样的。先摆放4个轮胎，再建造车体。牢牢记住车体的基本形状，然后开始建造吧！

1

用煤炭方块建造公共汽车的轮胎。将煤炭方块置放在宽3个方块、长5个方块的长方形的四个顶端。

煤炭方块

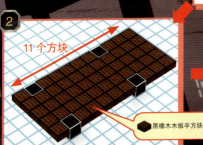

2

11 个方块

黑橡木木板半方块

如图，在离地面半个方块的高度将黑橡木木板半方块摆放成宽5个方块、长11个方块的长方形。

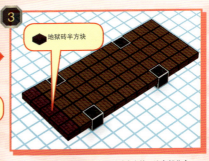

3

地狱砖半方块

在公共汽车的前面摆放5个地狱砖半方块，这个部分会成为公共汽车的车头。

STEP 2 准备公共汽车的内部装饰

公共汽车是可以拉载很多人的交通工具，内部有很多座位，比普通轿车的空间大得多。玩家可以充分利用公共汽车的内部空间进行装饰。在这里简单介绍一下装饰方法！

1

白色羊毛

如图摆放白色羊毛，建造车身的侧面。

2

黄绿色羊毛

在公共汽车的前面和侧面分别如图放置黄绿色羊毛。

3

橙色羊毛

如图，在侧面的白色羊毛和黄绿色羊毛之间，将橙色羊毛摆放成"U"形。

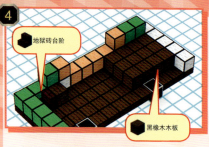

④

地狱砖台阶

黑橡木木板

在建好公共汽车的侧面之前，先装饰内部，首先摆放地狱砖台阶和黑橡木木板。

POINT!
重点

一定要熟悉半方块的使用

半方块和台阶方块的底部一样高！充分利用这个技巧，一定能扩大建造的范围！

⑤

大锅

黑橡木木板半方块

在驾驶座椅地狱砖台阶的旁边放置一个大锅，大锅代表入口处的投币箱。玩家一定要认真检查黑橡木木板半方块的摆放方式。

⑥

羊毛

一边调整公共汽车的内部装饰，一边在公共汽车侧面放置羊毛。

⑦

地毯

云杉木板台阶

用云杉木板台阶来做乘客座椅。不要忘记在大锅上面放一块地毯哟！

⑧

黑色羊毛

黑橡木木板

黄绿色羊毛

用黄绿色羊毛建造成公共汽车的尾部后，在驾驶员的后面放置黑橡木木板做墙壁，然后在驾驶员的斜前方放置两个黑色羊毛。

⑨

羊毛

黑色羊毛

橙色羊毛

一边照已经放置好的一侧方块放置另一侧的方块，一边建造公共汽车的侧面。首先使用橙色和黑色羊毛，然后使用白色羊毛。

⑩

淡蓝色黏土

将剩余部分填满方块后，公共汽车的形状就呈现出来了。在车的前上方摆放 3 个淡蓝色黏土。

STEP 3

掌握我的世界的方块摆放方法

我的世界里有众多特殊方块，台阶、物品展示框、彩色玻璃板等是其中几种。玩家要是能记住这些方块的摆放方法，就可以使建筑物变得十分酷炫！记住这些方块的摆放方法，然后运用到各种各样的建筑物上面吧！

1

> 地毯
> 羊毛

在淡蓝色黏土上面铺上地毯，用羊毛来做车顶。

POINT!
重点

打造扶手

重点在于玻璃板的放置。另外，使用了透明玻璃板做扶手。

2

> 白色玻璃板
> 橙色玻璃板

在公共汽车的出口处放置白色玻璃板和橙色玻璃板。

3

> 黑色玻璃板
> 黑色玻璃板

在公共汽车出口和入口处各放置3个黑色玻璃板。

4

> 黑色玻璃
> 按钮
> 物品展示框

首先在公共汽车的车窗位置放置黑色玻璃，然后在轮胎和灯上放置物品展示框。不要忘记放置按钮哟！

完成！

在各个物品展示框里分别放置爬行者头颅、玻璃板、黄色玻璃板即可完成公共汽车的建造！

5

有轨电车

难易度 ★☆☆

有轨电车至今依旧活跃在东京、广岛等日本的各个地区，总是散发出一种令人怀念的魅力。玩家可以通过使用台阶半方块和栅栏，完美呈现在轨道上驰骋的有轨电车的独特身姿。尝试改变车的颜色进行个性化定制也是很有意思的哟。

使用的方块

■物品展示框 ■红石方块 ■萤石 ■铁门 ■按钮 ■木活板门 ■铁栅栏 ■黑色黏土 ■黄绿色黏土 ■下界水晶方块 ■下界水晶台阶 ■平滑砂岩 ■红砂岩台阶 ■黑色玻璃 ■黑橡木栅栏 ■地狱砖台阶 ■裂石砖 ■石头方块 ■褐色黏土 ■淡蓝色黏土 ■下界水晶半方块 ■白桦栅栏 ■石砖台阶 ■石砖方块

从前面看到的形状

这是从前面看到的有轨电车的形状，用萤石做前灯，后灯用红石方块来做。

预期完成图

铺设在路面上的轨道
很有视觉冲击力！

从侧面看到的形状

这是从侧面看到的有轨电车的形状，有轨电车车顶上的导电弓架是用铁栅栏做成的。

6

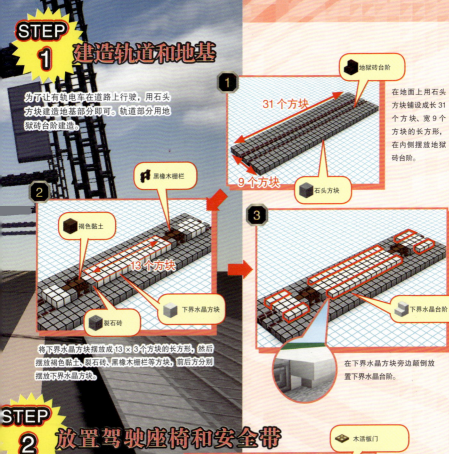

STEP 1 建造轨道和地基

为了让有轨电车在道路上行驶，用石头方块建造地基部分即可。轨道部分用地狱砖台阶建造。

1

在地面上用石头方块铺设成长 31 个方块、宽 9 个方块的长方形，在内侧摆放地狱砖台阶。

31 个方块

9 个方块

地狱砖台阶

石头方块

2

黑橡木栅栏

褐色黏土

13 个方块

裂石砖

下界水晶方块

将下界水晶方块摆成成 13×3 个方块的长方形，然后摆放褐色黏土、裂石砖、黑橡木栅栏等方块，前后方分别摆放下界水晶方块。

3

下界水晶台阶

在下界水晶方块旁边颠倒放置下界水晶台阶。

STEP 2 放置驾驶座椅和安全带

接下来要放置驾驶座椅和安全带，然后开始内部装饰。

1

木活板门

8 个方块

8 个方块

淡蓝色黏土

红砂岩台阶

如图铺设下界水晶台阶，然后摆放黄绿色黏土，将下界水晶台阶包围起来。也要制作驾驶座椅和安全带哟。

2

下界水晶半方块

放置下界水晶半方块，让它看上去和投币箱一样。记得前后都要放置哟。

3

黑色玻璃

用黑色玻璃做驾驶室和乘客区的隔断。

4

白桦栅栏

有轨电车内部的吊环拉手用白桦栅栏制作就可以，放置的时候注意出入口的位置不摆放。

POINT!
重点

注意内部装饰

内部装饰要参照右边的照片。放置下界水晶半方块时要空出一边来。按钮放在出入口的上方。

7

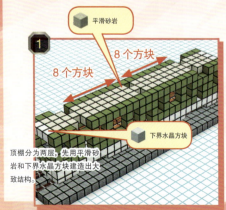

下界水晶半方块

按钮

5

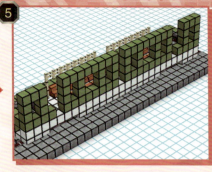

如图组合黄绿色黏土，空着的部分会放置门或者窗户。

6

对面一侧也要放置
黄绿色黏土

安置好门框，完成一侧车壁的建造。对面一侧也按这个方法建造。

STEP 3 建造车的顶棚

建造好顶棚，有轨电车的建造就基本完成了！有轨电车是使用萤石来照明的，因此，就算在夜晚也会闪烁着美丽的光芒。

1

平滑砂岩

8 个方块

8 个方块

下界水晶方块

顶棚分为两层，先用平滑砂岩和下界水晶方块建造出大致结构。

2

萤石

黑色黏土

在下界水晶方块的上方以及框架的缝隙处放置黑色黏土，在其中 6 个坑洼处放置萤石。

3

建造车顶部分。只要铺设石砖方块即可。

石砖方块

重点
POINT!

制作导电弓架

导电弓和电线相连，并向电车导电。使用铁栅栏可快速制作出导电弓架。

6

铁栅栏

用铁栅栏做导电弓架。

1

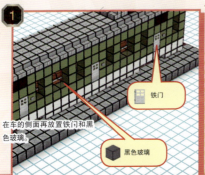

铁门

黑色玻璃

在车的侧面再放置铁门和黑色玻璃。

4

石砖方块

黑色黏土

从后面开始数，在第5个石砖方块上面建造导电弓架的基座。

5

对面一侧也建造

石砖台阶

建造好导电弓架的基座部分以及在车辆顶棚的侧面放置好石砖台阶后就可以稍作休息了！

STEP 4 完成装饰 建好车辆

修饰一下外部装饰的细节部分。通过在物品展示框里放置物品，可营造不同的氛围。

完成！

在电车的正面镶嵌物品展示框，在物品展示框里面放置红色方块，在电车的前挡风玻璃处放置黑色玻璃板，电车的建造就完成了！

9

汽车

汽车是当今社会必不可少的交通工具。虽然汽车的体形很小，但是也可以实现私人定制！改变车的颜色、形状、种类，以及制作一些花纹都是可以实现的。来建造只属于自己的个性化汽车吧！

第1章　建造交通工具模型

使用的方块

■ 地毯　■ 物品展示框　■ 玻璃板　■ 黄色玻璃板　■ 彩色玻璃　■ 羊毛　■ 蜘蛛丝　■ 地狱砖台阶　■ 红砂岩台阶　■ 煤炭方块　■ 石砖半方块　■ 彩色黏土

从前面看到的形状

这是从前面看到的汽车形状。这辆汽车是根据玩家的体形打造的，汽车高度比较低，是非常容易建造的尺寸哟!

从侧面看到的形状

这是从侧面看到的汽车形状。这辆汽车既没有使用台阶方块，也没有使用半方块，是非常容易建造的形状哟。

预期完成图

STEP 1

建造汽车的底座

汽车的尺寸基本是由汽车底座决定的。首先要牢牢记住汽车的基本形状，然后想象一下自己想建造的汽车的形状！

1

8个方块

石砖半方块

煤炭方块

用煤炭方块做汽车的轮胎，摆放方法如图所示。距离较近的2个煤炭方块之间要空出2个方块，距离较远的2个煤炭方块之间要空出3个方块。用石砖半方块做汽车的底座，在离地面半个方块的位置开始摆放，使其呈悬浮状态。

2

红砂岩台阶

地狱砖台阶

在车体底座的前方放置2个羊毛，羊毛的作用是方便地狱砖台阶的摆放。摆放完地狱砖台阶再将其拿掉即可。用红砂岩台阶做驾驶座椅吧。

POINT 重点

要把台阶颠倒放置

颠倒放置台阶，需要将光标移动到台阶旁边的方块的上半部分。这是比较特殊的放置方法，一定要记住哟。

STEP 2 建造只属于自己的个性化汽车

使用羊毛、彩色黏土、彩色玻璃等方块来建造个性化汽车。以方块的放置方法为基础，使用不同颜色的方块，来改变汽车吧！

1

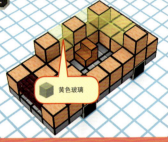

橙色羊毛

用自己喜欢的彩色方块建造汽车的车体。这里以橙色羊毛为例，如图摆放。

2

黄色玻璃

从建造车窗开始。这里也可以使用自己喜欢的彩色玻璃。图中使用了黄色玻璃。

POINT!

放置一些蜘蛛丝

将蜘蛛丝放置在车体中空出来的地方，这是在车体中放置地毯的必要技巧。这样一来，地毯看上去就像被铺设在空中。

3

橙色地毯

在蜘蛛丝上面放置橙色地毯。蜘蛛丝是非常有优势的物品，放置蜘蛛丝后便可以在空中放置一些原本不能放置的物品。

4

用黄色玻璃和橙色羊毛填充剩下的窗户，然后将整个车体都铺上橙色地毯，最后在轮胎和车灯上放置物品展示框，汽车的建造便完成了！

完成！

这是从后面看到的汽车的样子。前车灯的建造方法也是一样的。不要忘记放置玻璃板或者黄色玻璃板！

摩托车 & 轻骑

说起生活中最常用的交通工具，那一定是自行车、摩托车这种双轮车了！在我的世界中，可以根据玩家的体形打造尺寸合适的摩托车！摩托车使用的方块数量较少，而且也能实现个性化定制哟！

使用的方块

■煤炭方块 ■地狱砖栅栏 ■黑橡木栅栏门 ■物品展示框 ■铁活板门 ■地毯 ■料斗 ■大锅 ■按钮 ■拉杆 ■白色玻璃板

从前面看到的形状

这是从前面看到的摩托车的形状，宽仅有 3 个方块大小。用煤炭方块打造摩托车的大轮胎。

从侧面看到的形状

这是从侧面看到的摩托车的形状，长度仅有 5 个方块大小，但是这里面配置了很多摩托车的部件。

预期完成图

STEP 1 建造摩托车的车体

真实的摩托车有轮胎、方向盘、引擎等很多部件，那在我的世界中该使用什么样的方块来建造呢？玩家可以充分发挥自己的想象！

1 煤炭方块

用煤炭方块来做摩托车的轮胎。如图放置 2 个煤炭方块，之间要空出 3 个方块的位置。

2 大锅 / 料斗

在空出的 3 个方块的位置分别摆放大锅和料斗。摆放的关键在于料斗要紧贴着大锅，并横向放置。

3 地毯 / 羊毛 / 铁活板门

在料斗上面放置铁活板门，在大锅上面放置地毯，在空出的另一个方块的位置横着放置 3 个羊毛。

STEP 2 打造摩托车的细节部分

用物品展示框和按钮来打造轮胎和车灯吧！如果玩家仔细研究我的世界里的方块，会发现方块有很多种用途哟！来确认一下物品展示框的使用方法吧！

1 地狱砖栅栏

黑橡木栅栏门

在羊毛的上方摆放地狱砖栅栏和黑橡木栅栏门，做成摩托车的方向盘。将栅栏门放在中间，重点在于放置的时候要把栅栏门打开。

2 拉杆

按钮

破坏掉刚才放置的 3 个羊毛，然后在摩托车轮胎内侧的栅栏门的下方放置拉杆，在拉杆的侧面放置按钮。

POINT!

栅栏门放置在方向盘上时要打开

门的朝向由玩家站立的位置决定，要想让门朝前方打开，就从摩托车的后方开。如果门不小心关闭了，用同样的方法打开即可。

POINT!

拉杆要朝上放置

拉杆要朝上放置。操控拉杆，上方的栅栏门就会打开或者闭合。

3 物品展示框

使用物品展示框来装饰摩托车。在轮胎上先放置按钮，再放置物品展示框，会变得更真实。

POINT!

用物品展示框做轮胎和车灯

很多方块和物品都可以用来充填物品展示框，尝试用白色玻璃板做摩托车的车灯吧。

13

小面包车 & 急救车

急救车是用来救人的工作车，特点是红白相间，体形比普通轿车要大。改变车体的颜色，就可以建造出各种各样的车哟！在这里以小面包车为例进行说明！

需要使用的方块

■煤炭方块　■石砖半方块　■羊毛　■红色羊毛　■黑色羊毛　■地毯　■下界水晶方块　■下界水晶台阶　■红石方块　■黑色玻璃　■物品展示框　■黄色玻璃板　■玻璃板

从前面看到的形状

例图中车的颜色不同。当然，也可以尝试改变车的形状，建造车厢，装上顶棚。一辆车可以使用2种或3种颜色。

预期完成图

用各种颜色来实现个性定制！

STEP 1 面包车的建造方法

面包车的形状和其他车的形状基本一样。首先决定轮胎的位置，然后开始建造车体。如果不小心弄错车的尺寸，可以通过改变车窗的大小实现个性化定制。

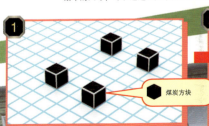

1

煤炭方块

如图放置 4 个煤炭方块。其中横向的 2 个煤炭方块之间隔 2 个方块，竖向的 2 个方块之间隔 4 个方块。

2

石砖半方块

将石砖半方块摆放成 4×9 个方块的长方形，并紧贴轮胎上半部分。

3

建造前半部分。如图摆放 2 个煤炭方块和 2 个石砖半方块。

4

天蓝色黏土

建造车的框架。如图，在后面摆放 2 个彩色黏土以后，开始建造左右两侧的车架。黏土可以选择自己喜欢的颜色。

5

青色玻璃

在车框架的空隙处放置青色玻璃。这是车的前后挡风玻璃。

完成!

6

从后面开始摆放 7×4 个方块的彩色黏土，将车顶部盖起来。在前挡风玻璃上方放置石头半方块，在前车灯和轮胎上装上物品展示框，再镶嵌好玻璃板，建造即可完成!

15

STEP 1 尝试建造比轿车尺寸更大的汽车

急救车、面包车的尺寸只比普通汽车大一点，只长了 1 个方块。放置石砖半方块的范围决定了车的长度，石砖半方块的放置方式决定了车的基本形状。玩家一定要仔细控制好车体的基本形状。

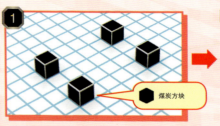

1

首先建造车的基本要素——轮胎和底座，按照一定的间隔放置 4 个煤炭方块。

煤炭方块

2

石砖半方块

如图，将石砖半方块摆放成宽 4 个方块、长 9 个方块的长方形。注意摆放的时候要悬浮在地面上。

POINT! 重点

将半方块放置在上层

让半方块悬浮的方法是紧贴旁边方块的上半部分放置。这种放置方块的方法经常使用，一定要记好！

3

黑色羊毛

石砖半方块

在车的前半部分放置 2 个黑色羊毛，在黑色羊毛的前面悬空放置 2 个石砖半方块。

STEP 2 决定车的颜色

急救车的颜色是红白两色的。接下来介绍急救车的建造方法。当然了，如果玩家想建造面包车，可以使用各种颜色的方块尝试打造个性汽车！

1

羊毛

如图，将羊毛摆放成长方形。

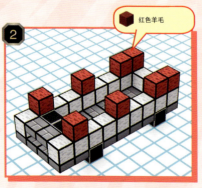

2

红色羊毛

用红色和白色羊毛建造急救车。在白色羊毛的上面放置红色羊毛，注意拉开一定的距离，这些空出的位置要安装窗户。

第 1 章 建造交通工具模型

16

STEP 3 建造急救车的红色车灯

红色车灯是急救车的显著特点，用红石方块来体现红色车灯吧。也要注意并掌握在这里使用的下界水晶台阶的放置方法哟！

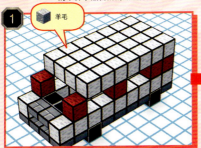

1 羊毛

在安装车窗之前，先用羊毛做车的顶棚。到这里，急救车的基本形状就完成了。

2 下界水晶方块

红石方块

在车顶棚上方建造红色车灯，如图摆放红石方块和下界水晶方块。

POINT!

注意台阶的朝向

前面的两个下界水晶台阶的形状比较特殊，但是只要从前面开始摆放就没有问题。玩家一定要习惯台阶的变形。

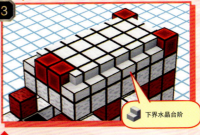

3

下界水晶台阶

在车顶棚外围空余的地方放置下界水晶台阶，这样就可以完美呈现急救车的弧形，要注意放置方法哟！

POINT!

车后方也装饰

除了轮胎和前车灯以外，记得在车的后方安放物品展示框作为车的后灯。

4

地毯

黑色玻璃

物品展示框

在车窗外放上黑色玻璃，然后在车轮胎和车灯上放置物品展示框，最后如图所示，在前面铺上地毯。

完成！

在物品展示框里填充上黄色玻璃板和玻璃板之后，建造就完成了！

消防车

难易度 ★☆☆

消防车可以灭火、救人，是不可或缺的工作车。玩家可以用我的世界中的红色方块来完美呈现消防车。
当然，也要建造来灭火的水管和用来救人的起重器哟！

使用的方块

■煤炭方块 ■石砖半方块 ■石砖台阶 ■裂石砖 ■红色羊毛 ■红色黏
土 ■红石方块 ■红色地毯 ■下界水晶台阶 ■下界水晶半方块 ■物
品展示框 ■黑色玻璃 ■黄色玻璃板 ■玻璃板 ■铁栅栏 ■按钮 ■拉
杆 ■绊线钩 ■铁块

从侧面看到的形状

这是从侧面看到的消防车的形状。用来灭火的
水管也被细致地体现出来了。水管使用了下界
水晶台阶。

预期完成图

将消防车的后部削掉，用铁块
和铁栅栏做起重器，用红色方
块做支柱，就可以建造吊车。

18

STEP 1 建造小卡车的基本部分

消防车和小卡车一样，需要分开建造前后两部分。分开建造前后部分、驾驶室和后边的消防设备，建造会变得相对容易。

①

> 煤炭方块

首先从消防车的基础部分——底座开始建造。如图，按一定间隔摆放 4 个煤炭方块做消防车的轮胎。

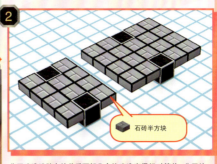

②

> 石砖半方块

分开建造消防车的前后两部分会使建造变得相对简单。分开放置石砖半方块吧，记得要悬浮放置哟！

STEP 2 要记住分开使用方块

我的世界中使用了大量的红色方块，注意区分相似的方块！红石适合建造红色车灯。为了区别前后两个部分，分别使用羊毛和彩色黏土吧！

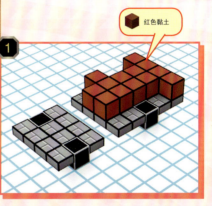

①

> 红色黏土

在车辆后半部分放置红色黏土。这个部分是为了方便之后安装消防车的水管、拉杆、开关。

②

> 红色羊毛

在车辆的前半部分放置红色羊毛来做驾驶室。用颜色稍微有差别的红色方块来区分车的前后两部分。

③

然后开始堆叠放置不同的红色方块。后半部分按照相同摆放法共放置 3 层红色方块。

④

> 石砖台阶

在消防车前面颠倒放置石砖台阶。沿着旁边的红色羊毛放置，就会变得相对容易哟！

19

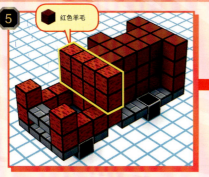

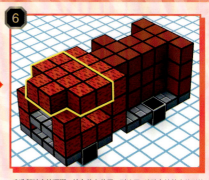

5 红色羊毛

建造驾驶室吧。用红色羊毛建造墙壁，将驾驶室的后方遮挡起来。

6

建造驾驶室的顶棚，给车盖上盖子。到这里，消防车的基本外形就建好了，剩下的就是细节的装饰与调整。

STEP 3 掌握台阶和半方块的放置方法

台阶和半方块是建造建筑物和交通工具时经常使用的方块。这两种方块是和普通方块的放置方法不一样的必要方块，根据朝向和位置来选择方块的放置方法吧！

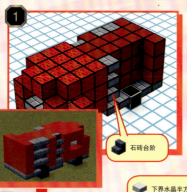

1

石砖台阶

用石砖台阶建造车辆的后半部分。注意前面和后面部分的放置方法是不一样的。放置的时候一定要仔细看。

POINT! 重点

颠倒放置台阶

颠倒放置下界水晶台阶的时候，要紧贴旁边的羊毛的上半部分。

2 下界水晶半方块

建造消防车的水管。如图摆放羊毛和下界水晶半方块。

3

下界水晶台阶

参照羊毛的放置方法放置下界水晶台阶。要注意各个方块的朝向，只有1个台阶是颠倒放置的哟。

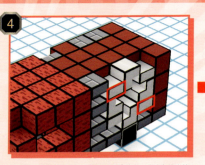

拿掉为了快捷放置台阶方块而放置的羊毛，消防车的水管就建好了。

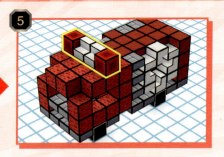

用红石和下界水晶台阶做驾驶室上方的警灯。消防车的外形已经基本做好了哟！

STEP 4 用拉杆和按钮做装饰

在红石电路中用到的拉杆和按钮也可以用来做装饰。消防车上有一个灭火的控制面板，拉杆和按钮对于打造这个控制面板是十分有用的！

红色地毯

黑色玻璃

在驾驶室的窗户上安装黑色玻璃，并且在车辆顶棚后部铺上红色地毯。

铁栅栏

裂石砖

在消防车水管的中间镶嵌裂石砖，然后在最后面安装铁栅栏。

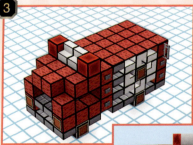

这是消防车侧面的照片。这个作品通过按钮、拉杆以及绊线钩等物品细致地呈现了消防车的样子。

完成！

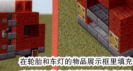

在轮胎和车灯的物品展示框里填充玻璃板和黄色玻璃板即可完成消防车的建造。

21

翻斗车

要说我们驾驶的世界上最大的车，浮现于脑海的就是翻斗车了。这种巨大的车和挖掘机、推土机一样，也是可以在我的世界中建造的哟！

使用的方块

■黄色黏土　■橙色黏土　■黑色黏土　■煤炭方块　■磨制安山岩　■石砖台阶　■圆石墙壁　■地狱砖半方块　■大锅　■料斗　■物品展示框　■黄色玻璃板　■天蓝色玻璃板　■铁栅栏　■梯子　■红石比较器　■黑橡木半方块

从侧面看到的形状

这是从侧面看到的翻斗车的形状。右侧黑色部分是驾驶室，它看上去是多么结实啊。

预期完成图

从后面看到的形状

翻斗车的大轮胎是十分引人注目的。好好看一下中间车轮的形状吧。

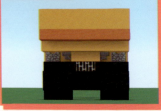

翻斗车可以搬运大量物品！工作车！

22

STEP 1 建造巨大的轮胎吧

翻斗车是十分巨大的哟！当然了，翻斗车的轮胎也是十分巨大的！其他交通工具的一个车轮只需要 1 个方块即可完成建造，翻斗车的一个车轮竟然要用 16 个方块！它的底座以及轮胎是非常醒目的！

1 煤炭方块

翻斗车的轮胎非常大，不能用 1 个方块来表现。如图，按一定间隔在左右两侧分别放置 6 个煤炭方块。

2 黄色黏土

在煤炭方块的中央部分分别放置两组 2 个方块高的黄色黏土，这里会是轮胎的中心部分。

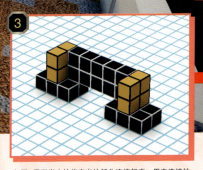

3

如图，用煤炭方块将空出的部分连接起来，用来连接的方块共计 10 个。

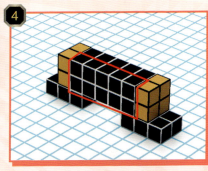

4

重复此步骤，用煤炭方块填充剩余的空白部分。

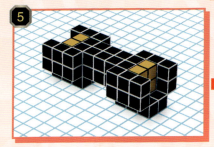

5

在黄色黏土的两个侧面分别放置煤炭方块，每个侧面各有 6 个煤炭方块。这样就可以逐步建好大轮胎的外形了。

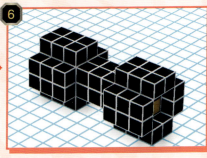

6

最后在黄色黏土的上方分别放置 6 个煤炭方块。这样巨大轮胎的轮廓就建好了。

23

⑦

石砖台阶

↓ 在轮胎中间部分的黄色黏土上放置石砖台阶。注意石砖台阶的朝向和放置方法！

重点 POINT!

检查一下车轮的形状

石砖台阶有朝前方放置的，有朝后方放置的，有颠倒放置的，放置方法十分复杂，要紧贴旁边方块的上半部分放置。

石砖台阶

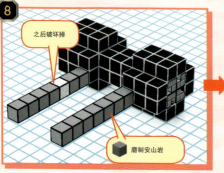

⑧

之后破坏掉

磨制安山岩

如图，在翻斗车的前方摆放 7 个磨制安山岩，在左侧延长的柱子的第 3 个方块的位置放置羊毛。

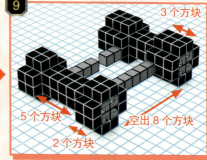

⑨

3 个方块

5 个方块

2 个方块

空出 8 个方块

先拿掉上一步中放置的羊毛，然后在磨制安山岩的前方建造和后方相同的巨大轮胎。重复"步骤 1"至"步骤 7"即可！

STEP 2

翻斗车细节部分的建造

翻斗车的引擎也是非常大的！用大锅、圆石墙壁打造细节部分。再现翻斗车巨大的车体之后，细节部分的建造就完成了！

①

黑色黏土

黄色黏土

用黑色黏土和黄色黏土填充翻斗车后面的轮胎。

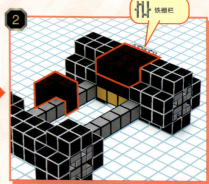

②

铁栅栏

如图放置黑色黏土，后轮胎的中间部分是 9 个，前后轮胎之间是 6 个。不要忘记在后方放置 3 个铁栅栏。

第1章 建造交通工具模型

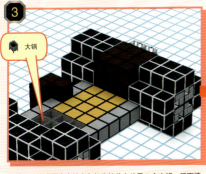

在磨制安山岩围出来的空白部分的前方放置 3 个大锅, 后面填满黄色黏土。

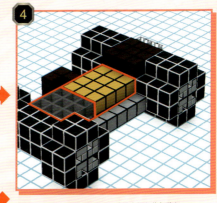

第二层和第一层一样, 分别重复放置大锅和黄色黏土。

如图, 在磨制安山岩的上部和轮胎的旁边放置圆石墙壁。

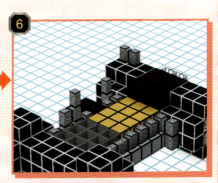

如图, 继续向上放置圆石墙壁, 在大锅的旁边放 3 个, 在后侧放 1 个, 在左后侧车轮上面放 2 个。

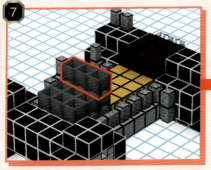

如图, 在大锅上面沿着大锅旁边的圆石墙壁继续放置一层大锅。第一层有 9 个大锅, 第三层的后方有 3 个。

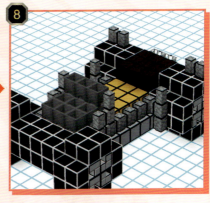

如图, 按照"步骤 6", 继续放置圆石墙壁。

STEP 3 建造翻斗车的车厢

翻斗车是利用后面的车厢载运大量货物的车。开始建造它的大车厢吧！建造时不只使用一种颜色的方块，要混合使用橙色黏土。车厢的车壁不是平滑的，而是锯齿状的。多下功夫，完美呈现翻斗车吧！

在后面两个车轮的中间放置黄色黏土，在黄色黏土和圆石墙壁中间放置料斗，注意料斗的朝向。

9个方块

紧贴大锅

紧贴轮胎

如图放置黄色黏土，大量放置黄色黏土的部分是用来做翻斗车的厢底的。

为了将翻斗车车厢底包围起来，如图放置第三层黄色黏土。这样，翻斗车的尺寸之大就显而易见了！

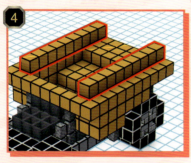

建造翻斗车车厢的内侧车壁部分。放置第四层黄色黏土，如图，在两侧分别摆放9个。

橙色黏土

如图，沿着黄色的内侧车壁，用橙色黏土将车厢的第四层外侧包围起来，后面放置两排橙色黏土。

在第五层方块的位置，即橙色黏土上方，如图摆放黄色黏土。重点是黄色黏土之间要有一定的间隔，这样可以打造锯齿状车壁。

沿着第五层的黄色黏土摆放第六层方块。这样一来，车厢的轮廓就建好了。

第1章 建造交通工具模型

26

STEP 4

做翻斗车的车头

建好车厢之后，接下来就是车头的建造了！这一步的重点是要呈现前轮的挡泥板。使用大量黄色黏土来建造翻斗车的大车头吧！

1

建造前侧部分。在前轮的前方摆放 18 个黄色黏土。摆放这些方块的时候要注意，要在离地面 1 个方块的高度开始摆放，使其呈悬浮状态。

2

在翻斗车前轮的前方放置7个黄色黏土方块做一个挡泥板。

3

在翻斗车前轮的内侧继续用黄色黏土做挡泥板。挡泥板的长度延伸到大锅的位置。

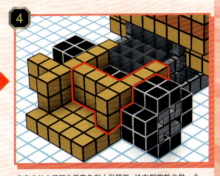

4

在车头的中间部分用黄色黏土做隔断，给右侧前轮也做一个挡泥板。制作方法和左侧一样。

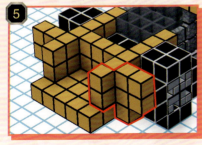

5

上图显示的是给前轮安装黄色黏土做的挡泥板后的效果，逐渐能看出翻斗车车头的轮廓。

6

9 个方块

在前轮和大锅的上方，如图铺设黄色黏土，用来做车盖子。会在这上面继续建造驾驶室哟！

7 ■ 煤炭方块

用煤炭方块填补黄色黏土之间的空隙。

8 ■ 地狱砖半方块

在煤炭方块的前方放置地狱砖半方块，每层地狱砖半方块之间都有间隔，这样可以呈现悬浮状态。另外，在车头的两个角上分别放置1个黑色黏土。

STEP 5 细节部分的建造方法

使用铁栅栏、大锅、圆石墙壁打造细节部分吧！翻斗车上有扶手、拉手、通气管、桶等大量零件，尝试选择适合做这些零件的方块吧！

1

如图，在翻斗车前侧放置6个黄色黏土，在车厢前面放置4个。

2 ■ 大锅   ■ 圆石墙壁

在车厢前面放置的黄色黏土的旁边和中间分别摆放大锅和圆石墙壁。

POINT!
重点

摆放铁栅栏

在翻斗车车头的两侧分别放置3个铁栅栏。将铁栅栏摆放成如图的形状是为了使其紧贴旁边的方块。

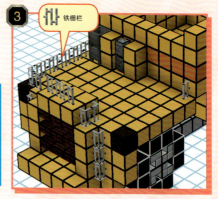

3 ▯ 铁栅栏

用铁栅栏来打造车头的细节部分吧。扶手、拉手、通气管也是用铁栅栏打造的。注意铁栅栏的摆放位置。

4

煤炭方块

黑橡木半方块

建造翻斗车的驾驶室。将煤炭方块和黑橡木半方块并列
放置。

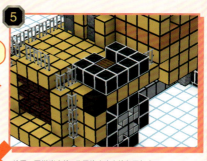

5

放置一圈煤炭方块，将黑橡木半方块包围起来。

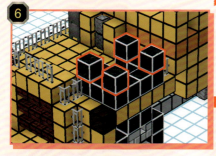

6

在驾驶室的各个角上放置煤炭方块。

7

天蓝色玻璃板

在驾驶室窗户上镶嵌天蓝色玻璃板。玻璃板可以选择自己喜
欢的颜色。

8

安装好窗户之后，在顶部铺设煤炭方块做顶盖，驾驶
室就建好了！

完成！

9

在驾驶室的上方，从车厢的最顶层方块开始横向铺设一层黄色黏
土做车顶，翻斗车的基础车身就建好了哟！

在翻斗车前侧的黑色黏土的前方安装物品展示框与黄色玻璃
板，然后安装梯子，翻斗车就全部建好了！

挖掘机 & 推土机

难易度　★☆☆

在高楼的施工现场可以看到挖掘机和推土机，在我的世界中用彩色黏土象征性地建造黄色车体即可。
虽然挖掘机乍看上去比较难建造，但是通过自己的想象力并使用台阶方块可以轻松打造哟！

第1章　建造交通工具模型

使用的方块

■圆石台阶　■黄色黏土　■煤炭方块　■石砖
■裂石砖　■石砖台阶　■石砖半方块　■石按钮
■圆石墙壁　■铁栅栏　■地狱砖栅栏　■羊毛
■磨制安山岩　■物品展示框　■铁栅栏　■金子
方块

预期完成图

力大无比！挖掘机！

预期完成图

整地达人！推土机！

30

从侧面看到的形状

这是从侧面看到的挖掘机的形状。将彩色黏土摆放成拱形可使挖掘机的前臂看上去更酷炫。

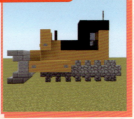

从侧面看到的形状

这是推土机。推土机可以推动大量泥土，是可以平整土地的车辆。推土机前方的推土铲可以用台阶方块制作。

 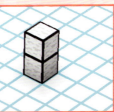

STEP 1 建造挖掘机的履带

首先介绍对挖掘机和推土机都非常重要的履带的建造方法。虽然现实中的挖掘机的履带有着复杂的纹路和形状，但是在我的世界中可以用台阶方块完美地再现。

1

首先，竖着摆放 2 个羊毛会使履带的建造更简单。最后破坏掉这 2 个羊毛即可。

2

圆石台阶

8 个方块

建造履带的底部。紧贴最底下的羊毛，颠倒摆放 8 个台阶方块。

3

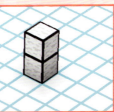

建造履带的上部。为了让履带呈锯齿状，如图摆放 8 个圆石台阶。

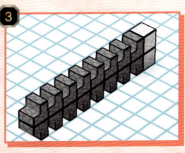

4

之后破坏掉

空出 5 个方块的距离

在空出 5 个方块的地方建造一个相同的履带，全部建造完后将羊毛破坏掉。

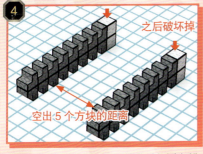

5

破坏掉羊毛。上下部分的圆石台阶如果能紧密相连，履带就算建好了。

STEP 2 建造挖掘机的主体

使用煤炭方块和黄色黏土，从履带开始建造挖掘机的底座。

1

7个方块

6个方块

煤炭方块

在两个履带的中间用煤炭方块做挖掘机的底座。重点是在挖掘机的前面空出 3 个方块。

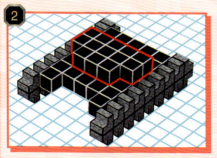

2

在底座的第二层继续铺设 13 个煤炭方块。

3

黄色黏土

在第二层的煤炭方块前后分别铺设黄色黏土，使其成为一个长方形。

POINT!

重点

注意配色

挖掘机完成以后，从后面看到的样子应该和图中一样。一边建造一边检查是否有交替摆放煤炭方块和黄色黏土，以及各个方块之间是否能够契合。玩家也可以使用不同颜色的方块进行建造。

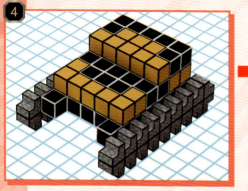

4

然后继续在第三层铺设这两种方块。这样一来，不管是配色还是形状，都越来越接近真实的挖掘机和推土机了。

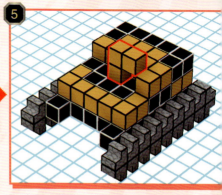

5

接下来建造挖掘机的操控室。首先建造操控室后面的车壁部分，如图。

建造有趣的房屋

建造酷炫的房屋

建造标杆性房屋

成为优养的工匠——旧建筑翻新改造

6 煤炭方块

接下来用煤炭方块建造操控室的轮廓，如图。

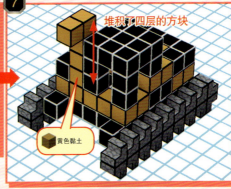

7 堆积了四层的方块

黄色黏土

用煤炭方块完成操控室的建造。窗户用黑色玻璃板来做，为了显示驾驶员可以进出操控室，故意将窗户空出来也可以。如图，堆积四层黄色黏土，做挖掘机前臂的底座。

STEP 3 建造挖掘机的前臂

来建造挖掘机的重要部分——前臂吧！建造过程中比较重要的是，不要把前臂建成直的，放置方块的时候要使前臂呈弯曲状。挖掘机的建造使用了台阶方块，它的轮廓看上去是比较难建造的，仔细参照图中步骤建造吧！

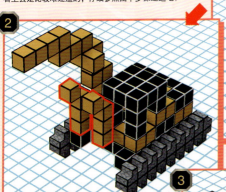

1 4个方块　3个方块　2个方块

用黄色黏土做挖掘机的前臂。

2

接下来在前臂的底部安装两根大臂油缸。这部分完成之后添加一些装饰即可完成建造。

3 裂石砖

之后将其破坏掉

将刚才建造的前臂一口气延长到离地面 2 个方块高的位置吧。

4

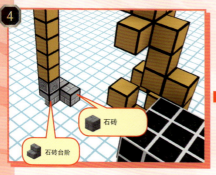

石砖

石砖台阶

接下来用半方块调整挖斗侧面的轮廓。台阶方块的朝向很重要，放置的时候一定要仔细观察。

5

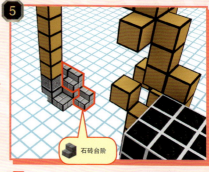

石砖台阶

挖斗对面一侧的形状也按照"步骤4"调整。这里也用到石砖和石砖台阶。

POINT! 重点

挖斗的轮廓

在近处看到的挖斗轮廓是这样的。以裂石砖方块为中心摆放台阶方块会使建造变得相对容易。玩家可以故意改变挖斗的形状来打造只属于自己的个性化挖掘机哟。

6

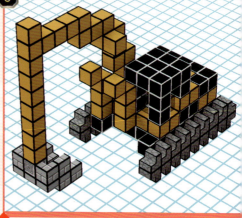

挖斗的反面也要建造，这是建好挖斗以后的预期完成图。接下来就是添加挖掘机的零件了。

7

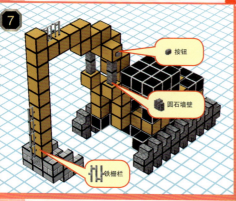

按钮

圆石墙壁

铁栅栏

安上按钮、圆石墙壁、铁栅栏以后，建造就完成了！

完成！

STEP 4 建造推土机的主体

推土机的专长是推开泥土平整土地。推土机的履带以及色调等基础部分和挖掘机相同。要是摆放两台推土机来装饰城镇的话，城镇会变得很有气势哦！

1

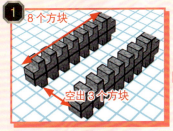

8 个方块

空出 3 个方块

参照挖掘机来建造推土机的履带。履带长 8 个方块，中间记得空出 3 个方块的距离。

2

7 个方块

用黄色黏土填补中间宽 3 个方块的空白处，重点是在最前方的中间部分空出 1 个方块的位置。

3

接下来摆放第二层方块。和第一层方块的摆放方法稍有不同，前方要空出 2 个方块来。

4

将对面一侧摆满方块。这样，推土机的车体部分就基本建好了。

5

石砖台阶

用石砖台阶做操控室的座椅，用黄色黏土体现操控室的大致轮廓。

6

煤炭方块

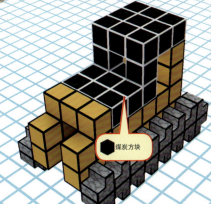

在没有放置黄色黏土的空白部分全部填满煤炭方块。操控室就建好了哟！

重点 POINT

推土机后面的轮廓

这是从后面看到的操控室的照片。记住操控室座椅的后面是有窗户的哟，来安上窗户吧！

35

7 煤炭方块

如图，在推土机的前方将煤炭方块摆成"T"形。

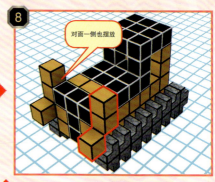

8 对面一侧也摆放

用黄色黏土建造支撑挖斗的前臂，前臂不用建太大。

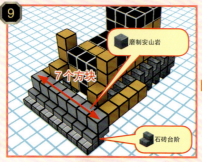

9 磨制安山岩

7个方块

石砖台阶

然后在履带的外侧继续建造两只支撑臂，在支撑臂的前方用磨制安山岩做挖斗的中心部分。

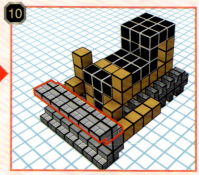

10

建造挖斗的下半部分，开始摆放石砖台阶。注意，磨制安山岩的下方也要摆放石砖台阶。

专栏！ 挑战建造个性化的物品

虽然交通工具模型本身就很酷炫，但是如果在交通工具模型的后方添加一些风景西洋画，看上去会更漂亮！在建造交通工具模型的地方用青色黏土打造公路。路面上一般会有一些标记线、人行道等标志，用下界水晶方块来展现这些线即可。在轨道上行驶的有轨电车、新干线等交通工具需要搭配一些壮观的大自然风景或者高耸的大厦。虽然工序复杂，但是这些背景建造出来后会让这些交通工具模型更酷炫！参照右面的照片来建造吧。

11

■ 黑色玻璃板

这里也要安装

在操控室的窗户上安装黑色玻璃板。不要忘记操控室后面的窗户上也要安装!

12

📷 物品展示框

铁栅栏

🔘 按钮

在车体的前面安装物品展示框,支撑臂上放置按钮,这些部件可以起到装饰作用。

POINT! 重点

装饰的秘诀

用铁栅栏做推土机上面的天线,在消音器上方的排气口处放置地狱砖栅栏,可以在物品展示框里面装各种方块或者物品,在推土机车灯的物品展示框里放置金方块。

完成!

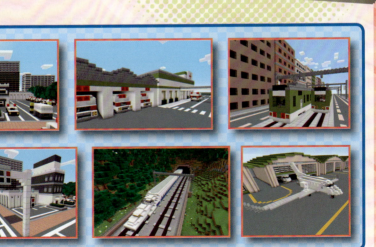

坦克

难易度 ★★☆

坦克是在战争中发挥主要作用的战车。建造坦克的重点在于迷彩的车体和车体上方突出的长炮塔，以及在不毛之地也能持续运行的履带。用裂石砖和台阶方块来打造履带吧！

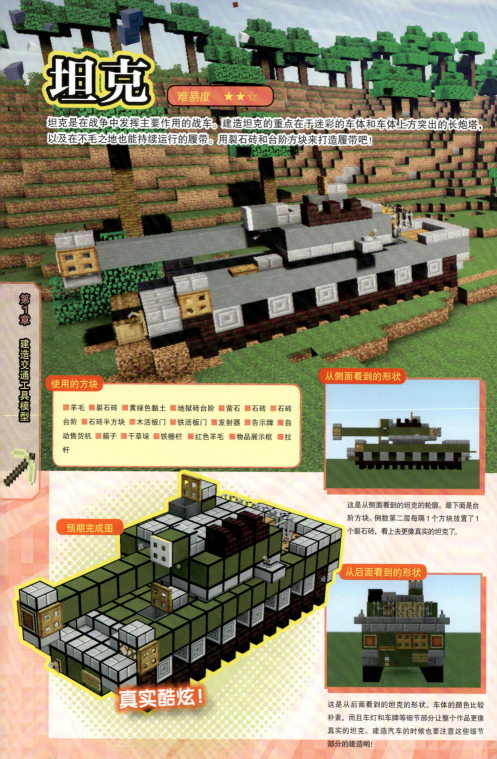

使用的方块

■羊毛 ■裂石砖 ■黄绿色黏土 ■地狱砖台阶 ■萤石 ■石砖 ■石砖台阶 ■石砖半方块 ■木活板门 ■铁活板门 ■发射器 ■告示牌 ■自动售货机 ■箱子 ■干草垛 ■铁栅栏 ■红色羊毛 ■物品展示框 ■拉杆

从侧面看到的形状

这是从侧面看到的坦克的轮廓。最下面是台阶方块。倒数第二层每隔1个方块放置了1个裂石砖，看上去更像真实的坦克了。

预期完成图

真实酷炫！

从后面看到的形状

这是从后面看到的坦克的形状。车体的颜色比较朴素，而且车灯和车牌等细节部分让整个作品更像真实的坦克。建造汽车的时候也要注意这些细节部分的建造哟！

STEP 1 建造坦克的履带

首先介绍坦克最重要的部分——履带的建造方法。在最下层铺设台阶方块，然后在台阶方块的上层每隔1个方块放置1个裂石砖。这样，履带看上去会非常逼真。

1

地狱砖台阶

之后破坏掉

放置1个羊毛，然后以这个羊毛为基准，颠倒放置13个地狱砖台阶。

2

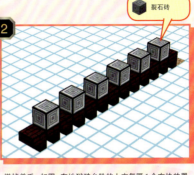

裂石砖

撤掉羊毛。如图，在地狱砖台阶的上方每隔1个方块放置1个裂石砖，两端要空出来，裂石砖一共是6个。

3

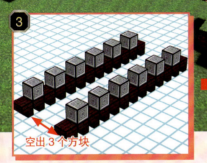

空出3个方块

然后在间隔3个方块的位置按同样的方法摆放地狱砖阶和裂石砖。

4

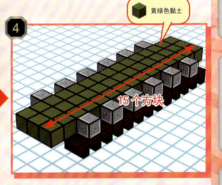

黄绿色黏土

15个方块

利用刚才的裂石砖，用黄绿色黏土摆放出长15个方块、宽3个方块的长方形。

快速建造履带

建造履带的重点是颠倒放置地狱砖台阶。放置第一块地狱砖台阶时一定要用辅助方块，所以最开始要如图放置1个羊毛。

5

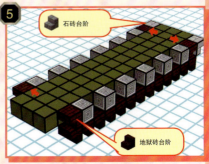

石砖台阶

地狱砖台阶

在最下面顶端的地狱砖台阶上面继续摆放地狱砖台阶，四端都要摆放，然后在后面摆放2个石砖台阶。

建造交通工具模型

建造有趣的房屋

建造酷炫的房屋

建造标志性房屋

成为优秀的工匠！旧建筑翻新改造

39

建造坦克的车体

随着不断的建造，模型越来越像真实的坦克了，建造也变得更有意思了。在建好的履带上方堆积石砖，建造坦克的车体。专业人士的秘诀是使用半方块和台阶方块！

1

空出 3 × 2 个方块

空出1个方块

13个方块

开始建造车体的第三层。如图摆放黄绿色黏土。注意，并没有摆满，有些地方空出了一定的空间！

2

木活板门

在刚才空出的 3×2 个方块的空白处安放木活板门。木活板门是闭合状态的！

3

羊毛

石砖半块

在坦克最前方台阶方块的两侧分别摆放 1 个石砖半方块，然后在黄绿色黏土的上方摆放 8 个羊毛。

POINT!

颠倒放置台阶

和履带一样，这个地方的台阶也是要颠倒放置的，建造的时候用羊毛做辅助方块。

POINT!

破坏掉辅助方块

放置羊毛是为了颠倒放置石砖方块，所以和之前一样，台阶方块放置完以后，将羊毛破坏掉即可。如果之后需要破坏掉的辅助方块都是同一种方块，破坏时比较容易发现。图解中使用的辅助方块一直是羊毛。

4

石砖台阶

在羊毛周围颠倒放置石砖台阶。图中是个 5 个石砖台阶方块见方的正方形哟！

⑤

石砖半方块

确认一下箱子的朝向

不只是单纯地放置箱子，还要注意箱子被打
开以后的朝向！在木活板门上方放置箱子，
可以营造出更好的气氛。

如图放置石砖半方块，前面是 5 个，后面活板门的周
围是 12 个，旁边是 2 个。

⑥

干草堆　　箱子

在木活板门侧面的石砖半方块上放置 2 个干草堆和 1 个箱子。

⑦

铁栅栏

萤石

用铁栅栏将干草堆和箱子包围起来，在另一个顶端放置萤石
做坦克的车灯。

⑧

黄绿色黏土

在中间比较高的 5 个方块见方的正方形上放置黄绿色黏土。为了放置
其他的方块，记得留出 1 个方块的空间！

⑨

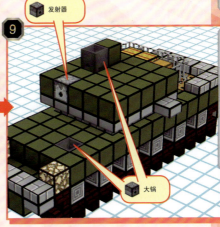

发射器

大锅

如图放置将成为战车同轴机枪的发射器、操纵室的大锅和黄绿色
黏土。

10 石砖半方块

如图放置 1 个石砖半方块，因为有很多可以放置的地方，一定要注意图中放置的位置！

11 石砖台阶

地狱砖台阶

如图，在相同位置放置石砖台阶和地狱砖台阶。萤石附近放置 3 个，高一点的地方放置 4 个！

STEP 3 安装好炮筒后，坦克就建成了

炮筒是坦克上比较重要的部分，一起来安装吧。为了让这辆坦克不管从哪个方向上看都很酷炫，装饰一下细节部分，让它变得更像坦克吧。细节部分的装饰需要改变一些方块的使用方式。虽然比较麻烦，但也是十分必要的。

1 黄绿色黏土

6 个方块

建造坦克的炮身。如图，向前方延伸放置 6 个黄绿色黏土，一下子变得更像坦克了！

2 铁活板门

如图放置黄绿色黏土，然后在其旁边放 1 个铁活板门。

3 石砖半方块

裂石砖

在坦克炮筒的前端放 1 个裂石砖，在裂石砖的上下部分各放 1 个石砖半方块。

④

木活板门

如图，在大锅、萤石的侧面以及炮筒的两侧放置 2 个木活板门。

⑤

拉杆

在石砖半方块的上面和铁活板门的下面放置拉杆，这样就可以用拉杆控制铁活板门了。在炮筒的前端装上物品展示框后就更接近真实的炮筒了，给人一种坦克马上就会发射出炮弹的感觉。建造完成！

POINT!

装饰一下背面

在车体底部放置线和看板，前后方都要放置。然后在后面放置木活板门和物品展示框，物品展示框用作车灯。这样一来，它看上去更像一台真实的车了！看板用作车牌，上面可以写字。

完成！

专栏！

要讲究轮胎的装饰

轮胎是交通工具的重要组成部分。因为我的世界中没有圆形的物品块，所以需要玩家在使用方块时下一番功夫。这一章中使用的轮胎大致有三种：使用按钮的轮胎、使用物品装饰框的轮胎、按钮和物品展示框都使用的轮胎。按钮是为了表现轮胎的轴承，适合建造自行车和飞机等较容易看见轴承的交通工具。在物品展示框里镶嵌玻璃后就会看见车轮，所以适合汽车的建造。

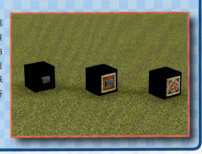

复古帆船

来建造通过巨大的船帆获得风力而前进的复古帆船吧！这个帆船的特色不仅是外形像帆船，玩家们还可以登上这个帆船看景色，也可以在船舱里睡觉。这个建造一定会让人震惊！

第1章　建造交通工具模型

使用的方块

■青色羊毛　■羊毛　■红色羊毛　■白桦木板　■松木木板　■松木木板半方块　■松木台阶　■松木栅栏　■黑橡木栅栏　■黑橡木木板　■黑橡木原木　■云杉木栅栏　■梯子　■箱子　■熔炉　■火把　■床　■书架　■红色地毯　■工作台　■地狱砖台阶　■大锅　■黑橡木半方块　■白桦木台阶

从前面看到的帆船的形状

这个帆船不仅使用了正方体的方块，还使用了台阶方块，而且整个船体从下往上逐渐变宽，真是颇费功夫！

预期完成图

杰出的帆船十分独特！

从侧面看到的帆船的形状

建造靠风力前进的大帆船是玩家大显身手的好机会！

44

STEP 1 从帆船的底座开始建造

如果船没有浮在水面上，会让人觉得很奇怪吧。虽然从水面上建造也可以，但是为了方便建造，这次从陆地上开始。来堆积木板方块吧。

① 用松木木板建出长 19 个方块、宽 3 个方块的长方形！在长方形的一端建造长 2 个方块、宽 3 个方块、高 3 个方块的长方体。

松木木板

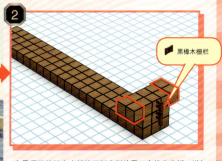

② 在最顶端的松木木板的两侧分别放置 2 个松木木板，增加最顶端长方形的长度，然后在中间和顶端的方块侧面放置黑橡木栅栏！

黑橡木栅栏

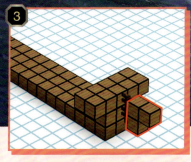

③ 建造控制船只的船舵。在黑橡木栅栏的侧面放置松木木板！如图，上面是 2 个，下面是 1 个。

④ 颠倒放置松木台阶。在船舵的下面放 2 个，在最顶层两端的方块下面分别放 2 个。注意放置的方向哟！

松木台阶

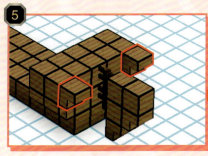

⑤ 如图，在 3 个方块高的长方体的左右两端分别放置 1 个松木台阶。台阶的颠倒放置方法与前面相同，点击旁边方块的上半部分即可使台阶颠倒放置。

⑥ 如图放置两组松木木板半方块，每组 3 个方块长。船的尾部慢慢就建好了哟！

松木木板半方块

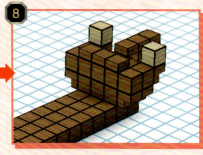

7

白桦木板

在船尾部顶端各置放 1 个白桦木板。

8

换个角度看，放置白桦木板后的船尾是这个样子的。玩家要确认一下自己建造的帆船尾部和图中是否一样，尾部长度有没有问题，台阶方块是否颠倒放置。

9

松木木板

在船尾部放置松木木板。左右两侧各放置 3 个，一共是 6 个，在上方放置 7 个，呈倒 "凹" 字形！

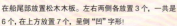

10

松木木板台阶

如图，在船底左右两侧分别颠倒放置 19 个松木木板台阶。如果感觉放置比较困难，在横向位置挖一个洞，从下面开始放置也可以。

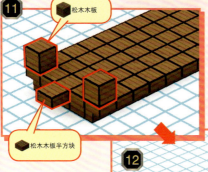

11

松木木板

松木木板半方块

开始建造船的前半部分！在左右两端各放置 1 个松木木板后，再在船的前端放置 1 个松木木板半方块。

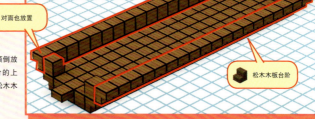

12

对面也放置

松木木板台阶

如图，在左右两端颠倒放置的松木木板台阶的上方，继续颠倒放置松木木板台阶。

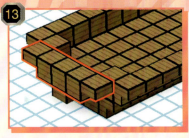

在船头的中间部分摆放 3 个松木木板，然后在 3 个松木木板的两端分别颠倒放置 1 个松木台阶方块。

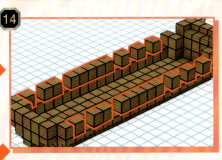

在第二层如图摆放松木木板。因为之后需要安装窗户，所以要注意在方块和方块之间留出一定的空间。

白桦木板半方块

在船头摆放出长 3 个方块、宽 1 个方块、高 2 个方块的长方体，然后在长方体的下面放置 1 个白桦木板半方块。

松木木板

白桦木台阶   白桦木板

在船头的位置放置 1 个白桦木板和 1 个白桦木台阶。注意，白桦木台阶是颠倒放置的，然后在其上面放置 2 个松木木板。

松木木板台阶

如图，在船头以及船壁上空出的部分放置松木木板台阶。另外，船尾需要放置白桦木台阶。

STEP 2 在船内部建造房间

在船内部建造玩家乘船时生活的房间。床、地板等的建造不仅使用木板方块，还要使用半方块和台阶方块。我的世界的大神们都会这么做哟！先一点一点地模仿他们的建造方法，渐渐地就可以灵活运用了。

POINT!

红色地毯让船看上去更酷炫

要在船舱里面建造房间了哟！在船的后半部分建造书架吧！用地狱砖台阶以及黑橡木木板等黑色系方块和红色地毯建造看上去十分昂贵的家具！在入口处放置栅栏。

地狱砖台阶

首先建造一个高 2 个方块、长 3 个方块的书架，然后在书架的前面放置一把椅子，椅子用地狱砖台阶做。

2

黑橡木木板

红色地毯

横着摆放 3 个黑橡木木板，然后在前面用红色地毯摆放出长、宽各 3 个方块的正方形！

3

黑橡木原木

松木木板

梯子

沿着墙壁在第 6 个方块的位置堆积 3 个黑橡木原木！然后如图放置 2 个松木木板。在松木木板上安装梯子。

4

松木栅栏

松木木板半方块

安装松木栅栏。在船壁两侧放置 5 个火把，左右两侧共 10 个。用这些火把将船照亮吧！

5

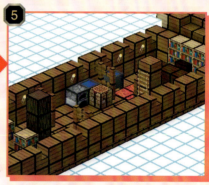

在船内放置书架、熔炉、工作台以及装有水的大锅。参照图中的装饰，玩家就可以设计出自己喜欢的房间了！

POINT!

自由建造客厅

将船的前半部分作为船员和乘客们可以使用的场地。在船内放置床、书架、栅栏吧。也要放置工作台、熔炉、大锅等可以共同使用的物品。

6

船的前半部分放置了床、书架、栅栏。书架上方放置了栅栏。

7 松木台阶

在船后部的房间上面建造顶棚！首先用松木台阶将四周包围，注意台阶方块的朝向！

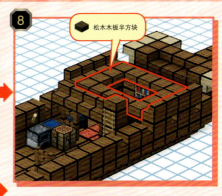

8 松木木板半方块

如图，在用松木台阶包围起来的空间中放置松木木板半方块，最中间部分没有放置哟！

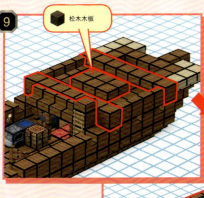

9 松木木板

在船尾还空着的地方填补松木木板！

在船的前部也放置松木木板半方块，开始建造第二层船舱。注意，2个栅栏的上方和梯子的前方要空出来！船头放松木台阶方块，将船头包围起来！

10 松木木板半方块

松木台阶

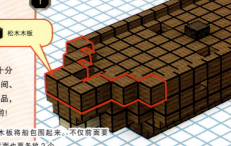

STEP 3 建造驾驶室

虽然看上去已经很真实了，但接下来的建造也是十分重要的。建造驾驶室，建造船员们可以聊天的房间、可以控制整条船的船舱，放置指南针、钟表等物品，让这艘船看上去更真实。另外，需要将船帆固定住哟！

1 松木木板

在船头放置松木木板将船包围起来。不仅前面要放置 5 个方块，后面也要各放 2 个。

建造有趣的房屋

建造酷炫的房屋

建造标志性房屋

成为优秀的工匠——旧建筑翻新改造

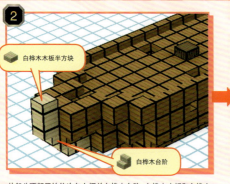

白桦木木板半方块

白桦木台阶

从船头顶部开始依次向上摆放白桦木台阶、白桦木木板和白桦木
木板半方块。

松木栅栏

为了不让玩家从船上跌落，用松木栅栏将船尾拦起来。

松木木板

之后破坏掉

如图，在船后方既不是半方块也不是台阶方块的松木木板上
方摆放方块，从左往右依次是 3 个、2 个、2 个、3 个松木木
板方块，每组方块之间都有 1 个方块的间隔。在普通松木木
板的前方放上青色羊毛。在青色羊毛上方摆放松木木板！

黑橡木木板半方块

首先破坏掉青色羊毛，然后在船尾 6 个方块的上方放置
黑橡木木板半方块，这将是作战时商讨战略战术时用的会
议桌。

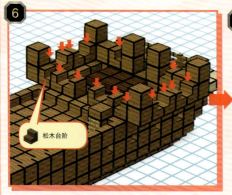

松木台阶

用松木台阶建房间的窗户。如图摆放第一层的方块。

松木台阶

然后如图放置第二层松木台阶。重点是上下两层的台阶方块要
朝相反方向放置。后面放置松木木板。

8

梯子

在 3 个松木木板高的方块上安装梯子，玩家就可以攀爬梯子上下移动了。

9

松木台阶

松木木板

松木木板半方块

如图，在建好窗户和墙壁的房间前面放置松木台阶。

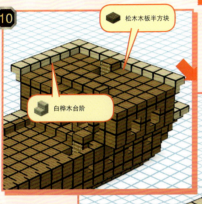

10

松木木板半方块

白桦木台阶

用松木木板半方块将船尾盖起来后，下面的房间就建好了。

在船的第二层和第三层的外侧放置白桦木台阶，将船包围起来！

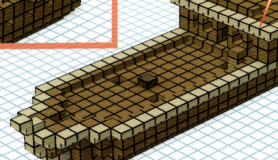

11

白桦木台阶

12

白桦木木板半方块

在船头白桦木木板半方块的前方放置白桦木台阶，然后在白桦木台阶的前端放 2 个白桦木木板半方块。

13

松木栅栏

松木木板

在船尾最上层的地板上摆放 3 个松木木板，这是之后用来掌舵的。在将船包围起来的白桦木台阶上放置松木栅栏。

建造交通工具模型

建造有趣的房屋

建造船舱的房屋

建造标志性房屋

成为优秀的工匠——旧建筑翻新改造

STEP 4

建造高耸的桅杆

终于到了最后一步了。为了建造贯穿底层的客厅和上层甲板的大船帆，先建一根高耸的桅杆吧。
攀登到上面看到的景色是非常漂亮的！我们来建造这样的帆船吧！

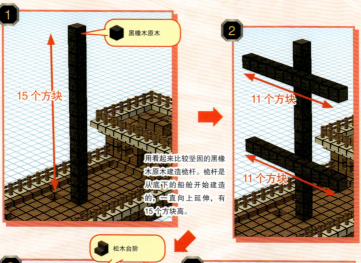

1

黑橡木原木

15 个方块

用看起来比较坚固的黑橡
木原木建造桅杆。桅杆是
从底下的船舱开始建造
的，一直向上延伸，有
15 个方块高。

2

11 个方块

11 个方块

分别在距第二层 5
个方块高和 12 个
方块高的地方向左
右两侧各摆放 5 个
黑橡木原木。

松木台阶

3

建造眺望台。在桅杆最顶层的位置颠倒放置松木台阶，将
顶层方块包围起来。这样就可以建造一个可以走动的场所
了！不过要留出放置梯子的空间！

4

云杉木栅栏

用云杉木栅栏将刚
才左右两边延伸出
来的 2 个黑橡木
原木的杆子上下连
接并固定起来。

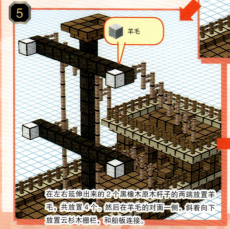

5

羊毛

在左右延伸出来的 2 个黑橡木原木杆子的两端放置羊
毛，共放置 4 个。然后在羊毛的对面一侧，斜着向下
放置云杉木栅栏，和船板连接。

6

在羊毛的里侧如图放置青色羊毛
和羊毛。

之后破坏掉

7

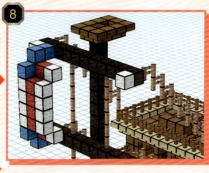

在羊毛的旁边放置红色羊毛，青色羊毛的旁边不要放置哟！

8

然后同"步骤7"，在红色羊毛的旁边放置羊毛！

9

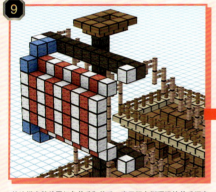

就这样交替放置红色羊毛和羊毛，直至距右侧顶端的羊毛还有1个方块的距离。

10

将没用的青色羊毛破坏掉，这样就给人一种船帆正在被风吹的感觉。

11

云杉木栅栏

从船帆的最前端开始向眺望台斜着放置云杉木栅栏，这样就可以将船与眺望台连接起来了。

完成！

53

喷气式飞机

尝试在我的世界里建造十分逼真的喷气式飞机吧！机翼、轮胎、喷气口等外观以及细节部分都十分接近真实的飞机哟。玩家可以在飞机里面生活，对于喜欢飞机的玩家来说，这简直是梦幻般的房屋。

第1章
建造交通工具模型

使用的方块

■下界水晶方块　■下界水晶台阶　■石砖　■石砖台阶　■煤炭方块　■黑色玻璃　■萤石　■黑橡木台阶　■黑橡木半方块　■红砂岩台阶　■红色地毯　■圆石墙壁　■（石）按钮　■拉杆　■大锅　■物品展示框　■水晶半方块　■石砖半方块

预期完成图

最新型喷气式飞机！

POINT!

尝试改变飞机的颜色

喷气式飞机的颜色会根据出厂公司的不同而不同。玩家可以改变机体的颜色来打造只属于自己的飞机。尝试将其建造得更酷炫一点吧！

用青金石方块将机体打造成青色。

也可以使用红色羊毛。给人的印象完全不一样了哟！

54

STEP 1 建造机体的底座

从底部按照一定的顺序依次建造与地面接触的轮胎、轮胎与机体相连接的支撑棒以及机体的底座。把后面的飞机翼也一起建造了吧。不过要注意，飞机翼是立体的，形状比较复杂。

首先建造轮胎。在煤炭方块上放置按钮，然后在上方放置圆石墙壁。摆放方块的时候一定要参照图中轮胎与轮胎之间的距离。

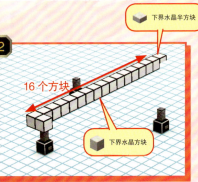

开始建造机体部分。如图放置 16 个下界水晶方块，在第 17 个方块的位置放置下界水晶半方块。

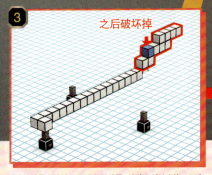

在空中放置方块时，可以先如图放置 1 个青色辅助方块，之后将其破坏掉即可。

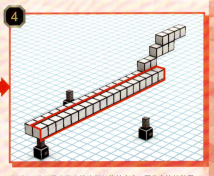

摆放 18 个下界水晶方块来做机体的底座。因为方块的数量较多，一定不要弄错。

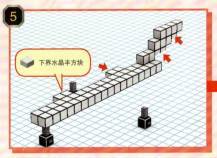

如图，在机体底座上分别增加 2 个下界水晶半方块。另外，在后方机翼的位置放置 3 个下界水晶半方块。

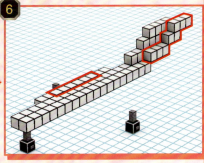

如图，用下界水晶方块填满刚才增加的 2 个方块之间的空白部分，机翼部分也要添加。

55

STEP 2 建造机体

建好机体的底座之后，就可以建造飞机的机体部分和里侧房间了。接下来要建造乘客区、洗手间以及驾驶舱等细节部分。打造这些细节的过程也是十分有意思的。

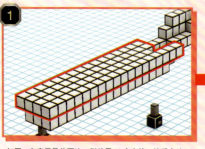

1 如图，在底层最外面这一侧放置 16 个方块，然后在这 16 个方块上面继续摆放，从外往里依次是 18、15、16、16 个方块。

2 如图，在机体的前半部分和后面机翼的部分分别放置 2 个下界水晶半方块。

下界水晶半方块

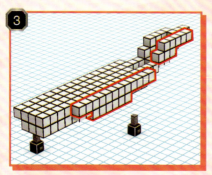

3 在机体一侧半方块的位置放置 6 个方块，再在 6 个方块的上面放置 12 个方块。另外，在机翼部分如图添加方块。

POINT！ 重点

从后面观察飞机的轮廓

设计图上比较难观察的地方，可以参照下面这张图片。为了让机翼呈现出立体的状态，建造起来比较复杂，所以一定要确认一下。

下界水晶半方块

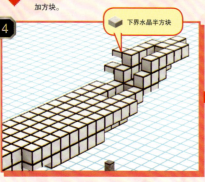

4 机翼的内侧也要如图放置 1 个方块和 2 个半方块，放置位置不好分辨，一定要仔细看图。

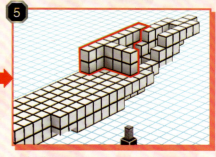

5 在半方块的一侧放置 6 个方块，然后在 6 个方块的上方放置 8 个方块来做机体的墙壁。另外，机体内需要放置一面高 2 个方块、长 3 个方块的墙壁。

第1章 建造交通工具模型

6

下界水晶台阶

拉杆

大锅

如图放置下界水晶台阶、大锅和拉杆。这里是洗手间，一定要注意细节部分的建造。

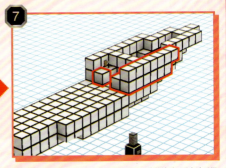

7

如图，依照图中红框部分放置能够覆盖机体的墙壁。要在洗手间的入口处留出1个方块的位置，保证玩家能够进出。

8

下界水晶半方块

铁门

放置半方块。另外，为了避免从外面窥视到洗手间里面的情况，在入口处放置1个铁门。

9

红色地毯

如图铺设红色地毯，最长的地方有11个。接下来，如图放置四根高为2个方块的柱子。

10

红砂岩台阶

黑橡木木板半方块

之后破坏掉

用红砂岩台阶和黑橡木木板半方块打造座椅。另外，利用青色辅助方块放置半方块。

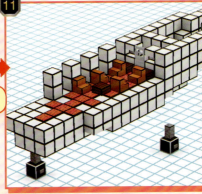

11

破坏掉青色辅助方块。虽然从图中很难看出来，但黑橡木木板半方块其实是悬空放置的。

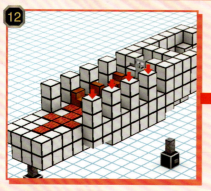

和内侧相同，面前这一侧也按同样方法放置四根柱子，空出1个方块的位置安装窗户。

POINT!

建造窗户

窗户是通过组合台阶方块建成的。光看设计图比较难懂，可以参照一下这个放大的图片。

下界水晶台阶

如图，分别在面前一侧、内侧和正面组合放置下界水晶台阶来建造窗户。注意台阶的朝向。

下界水晶方块

铁门

在内侧放置2个方块和1个铁门。放置门的地方是飞机的出入口。之后，会在门的一旁放置方块，所以可以先空着。

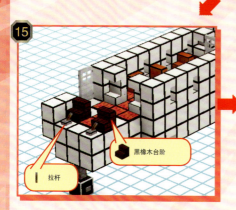

黑橡木台阶

拉杆

用黑橡木台阶来做驾驶员的座椅。座椅前面放置的拉杆看上去很像操纵杆哟。

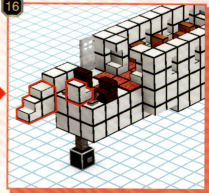

开始建造机头部分吧。因为要放置方块、台阶、半方块，所以要一边观察图片一边放置。

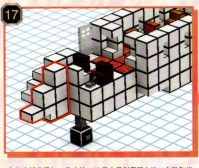

17

在机头部分添加一些方块。这里也是利用了方块、台阶和半方块哟。

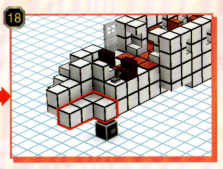

18

如图放置方块。因为机头部分比较复杂，所以可以一点一点地添加方块。

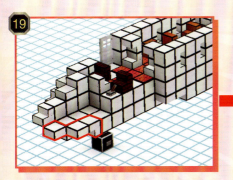

19

这次要使用台阶和半方块。仔细看一下图，不要放错了。

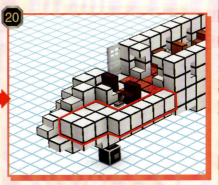

20

这次只放置方块。如图，将方块摆放成和驾驶舱一样的高度。

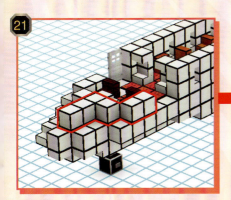

21

从头开始放置方块来做驾驶舱的墙壁。面前一侧和内侧的方块是相对称的，一定要两相比较着放置。

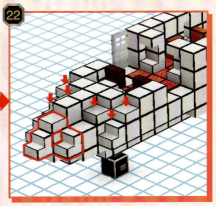

22

继续向前放置半方块和台阶方块。这个部分的方块也是左右对称的，图中看不到的地方可以按照面前一侧的摆放方法放置。

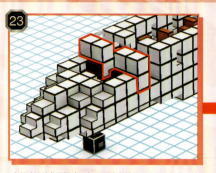

23

在驾驶舱的背面摆放两个 2×2 个方块的正方形，门旁边的空白部分也填起来吧。

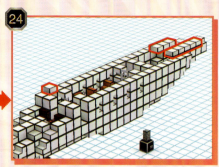

24

分别在机头和机尾放置半方块，仔细看一下图中的放置位置。

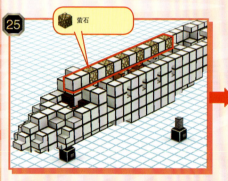

25

萤石

在飞机的顶棚位置放置 13 个方块。秘诀是，这 13 个方块是由普通方块和萤石组合放置的，萤石是用来照明的。

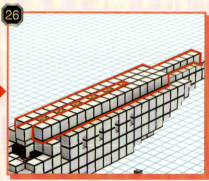

26

为了将上一步中放置的方块包围起来，如图摆放方块来做飞机的顶棚，顺便在机尾部分摆放方块。

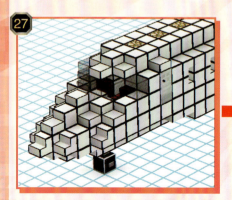

27

在面前这一侧也放置一扇门。为了将驾驶舱的前面包围起来，安装黑色玻璃板，在黑色玻璃板上方放置半方块。

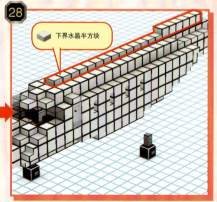

28

下界水晶半方块

为了将顶棚上的萤石隐藏起来，在上面放置 14 个半方块，在机尾添加 6 个方块。

STEP 3 建造机翼部分

建造完机体以后，开始建造飞机最重要的机翼部分。机体的左右两边各有一个机翼，后面有一个尾翼，共计两种类型。左右两边的机翼形状比较复杂，但是左右对称的，可以参考着一侧建造另一侧。

1

如图堆放五层 3 个方块长的长方形来表现尾翼的曲线部分。一下子变得像真实的飞机了哟。

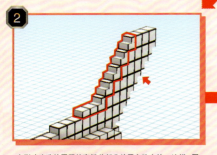

2

在刚才建造的尾翼的高低差部分放置台阶方块。这样，尾翼的倾斜程度会变得更平滑哟。

3 石砖半方块

如图，在尾翼部分横着放置石砖半方块。因为是左右对称的，内侧的放置方法可以参照前面一侧。

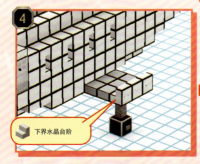

4 下界水晶台阶

组合使用石砖半方块和下界水晶台阶来连接轮胎和机体。这个地方也是左右对称的，内侧方块的放置可以参考这个部分。

5

在刚才放置台阶的地方背靠背地继续放置下界水晶台阶。

POINT!

从侧面确认一下飞机的轮廓

按照以上步骤建造飞机的内侧部分。因为是左右相反的，所以建造起来比较困难哟！一边思考，一边组合方块比较好。

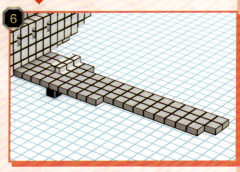

6

用半方块建造机翼。面前的这些方块一共有 9 个，紧邻着的部分是 18 个，接下来的两排都是 19 个。

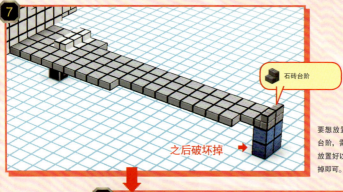

石砖台阶

之后破坏掉 ➡

要想放置和图中一样朝向的石砖台阶，需要使用辅助方块。台阶放置好以后，将青色辅助台阶破坏掉即可。

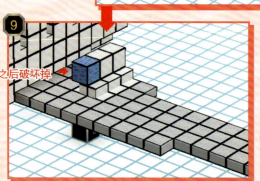

将辅助方块破坏掉后，如图组合台阶方块来建造翼尖的小翼部分。

之后破坏掉 ◀

开始建造喷气式发动机。如果按照图中所示先放置青色辅助方块，接下来的工序会变得比较容易哟。

POINT!

从侧面确认一下

设计图中展示的侧面是按照图片中的形状通过组合方块建成的。好好利用辅助方块来使喷气式引擎变得更逼真吧。

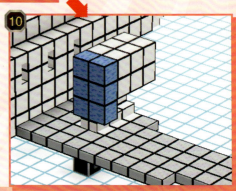

继续堆积青色方块并组合放置方块和台阶方块。详细步骤参考 POINT 部分。

建造有趣的房屋

建造酷炫的房屋

建造标志性房屋

成为优秀的工匠——旧建筑翻新改造

⑪

石砖半方块

石砖台阶

从反面确认一下形状

如果光看设计图，这一部分也是比较难懂。参考下图，确认一下反面部分方块的放置。此处使用了 4 个石砖台阶和 2 个石砖半方块。

撤掉上一个步骤中的青色方块，喷气式引擎的进气口部分就完成了。继续参考 POINT 部分建造，在内侧放置石砖半方块。

从反面确认一下形状

参考下图建造对面机翼的内侧部分。上图中显示的部分是通过背靠背地放置台阶方块建成的。此处的方块放置和上面的一样。

⑫

在石砖半方块的上面继续组合放置石砖台阶之后，喷气式引擎的建造就完成了。

另一侧机翼的建造顺序和前面的一样，而且因为是左右对称的，建造内侧机翼遇到问题时可以参照前面机翼的建造方法。

⑬

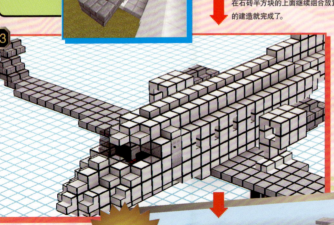

完成！

这样就完成了！最后从各个角度检查一下有没有形状比较奇怪的地方。

63

挑战直升机的建造

直升机和喷气式飞机一样，可以自由地在空中翱翔。实际上，直升机的前面和喷气式飞机有很多相似的地方。学习了喷气式飞机的建造方法后，参照下图挑战建造直升机吧！

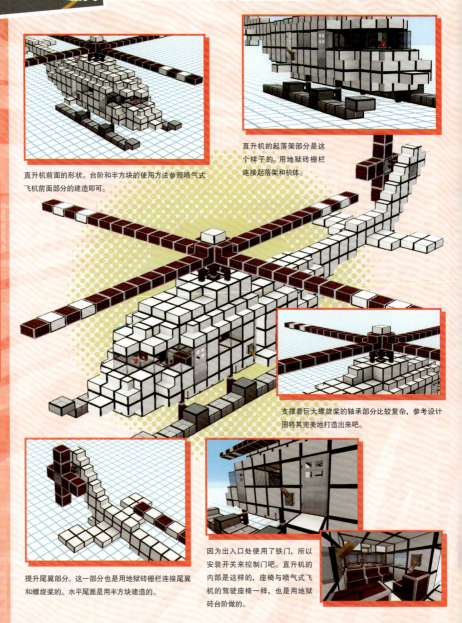

直升机前面的形状。台阶和半方块的使用方法参照喷气式飞机前面部分的建造即可。

直升机的起落架部分是这个样子的。用地狱砖栅栏连接起落架和机体。

支撑着巨大螺旋桨的轴承部分比较复杂，参考设计图将其完美地打造出来吧。

提升尾翼部分。这一部分也是用地狱砖栅栏连接尾翼和螺旋桨的。水平尾翼面是用半方块建造的。

因为出入口处使用了铁门，所以安装开关来控制门吧。直升机的内部是这样的，座椅与喷气式飞机的驾驶座椅一样，也是用地狱砖台阶做的。

第2章

建造有趣的房屋

蜗牛房屋

蜗牛在梅雨季节出没。蜗牛背上的壳不仅可爱，居住起来也很舒适！蜗牛壳是用彩色黏土建造的，玩家可以和小伙伴们尝试改变蜗牛壳的颜色。建造色彩丰富的房屋也是十分有意思的。

使用的方块

■砖块 ■砂岩 ■砂岩台阶 ■绿色黏土 ■工作台 ■玻璃 ■橡木栅栏 ■润零骷髅头

蜗牛房屋底座的形状

蜗牛房屋分为蜗牛躯干、蜗牛壳以及稍微向后凸出的尾巴三个部分。

从侧面看到的蜗牛房屋的形状

蜗牛房屋最大的特点是带有螺旋状花纹的蜗牛壳。房屋的入口设计在躯干底部的一侧。

STEP 1 建造蜗牛壳的骨架

蜗牛壳的这部分是左右对称的,形状也比较简单。先建造壳的部分再建造躯干的部分,会使建造变得相对容易。先忽略壳的立体轮廓,建造只有骨架的房屋吧。

1

8个方块

绿色黏土

工作台

砂岩半方块

砂岩

砂岩台阶

在基座上使用绿色黏土进行加工。面前的褐色方块是在上层铺设了地毯的工作台。

2

7个方块 7个方块

侧面最长的部分有7个方块。重点是左下方并没有连接在一起。这一部分是左右对称的,所以按照相同方法建造右侧部分吧。

3

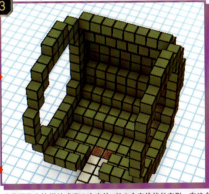

在背面将方块摆放成宽2个方块、长8个方块的长方形,在这个长方形上面再摆放出宽3个方块、长8个方块的长方形,再在这上面继续摆放出宽2个方块、长8个方块的长方形。摆放的时候参照POINT部分的图片。

4

空出来

正面最上方是8个方块。为了方便之后的建造,如图空出宽3个方块、长5个方块的长方形洞穴。

5

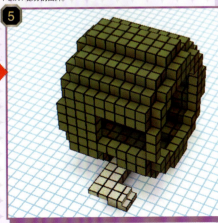

如图建造顶棚。左右两侧是长8个方块、宽2个方块的长方形,中间部分是长8个方块、宽3个方块的长方形。方块的基本放置方法和后面相同。

POINT!

从后面看到的图

光从正面看比较难懂,可以参照这张图片。

67

STEP 2 完成壳的建造

壳的大致骨架完成以后,开始填补两侧的空白部分吧。这里主要是呈现两侧螺旋状的花纹,是建造蜗牛房屋最重要的工序。虽然稍微有点复杂,但是仔细参照样本即可完成建造。

将方块摆成螺旋状,然后在图中的位置放置4个玻璃。注意,这个地方使用的是玻璃而不是玻璃板。

玻璃

将左右两侧填补起来。两侧的壳的部分是绿色黏土,螺旋状花纹的部分是玻璃。详细的摆放方法参照POINT部分。

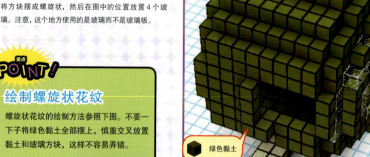

绿色黏土

POINT!

绘制螺旋状花纹

螺旋状花纹的绘制方法参照下图。不要一下子将绿色黏土全部摆上,慎重交叉放置黏土和玻璃方块,这样不容易弄错。

POINT!

仔细看一下正面的形状

正面的形状稍微有些复杂。中间放置了2×5个方块,左右分别是2×3个方块。堆放方块的时候也要看一下这张图片,一定不要弄错了哟。

为了调整躯干部分,如图在正面用绿色黏土摆放出一个"L"形。

砂岩

砂岩台阶

进行下一个步骤,稍微调整一下正面。为了将壳和躯干连接起来,如图放置砂岩和砂岩台阶。

STEP 3 建好躯干和尾部，建造就完成了

完成壳的建造以后，用砂岩建造躯体和尾巴部分。躯干和尾巴都是连接在壳上的，所以先建造壳会使整体建造工序变得相对容易。不要忘记添加蜗牛的角和眼球哟！

1

砂岩

砂岩台阶

如图，在门的两侧放置砂岩台阶。在左侧台阶的上方堆积 7 个砂岩来做躯干的侧面。

重点 POINT!

仔细观察一下细节部分

如图，这是从头部和右侧看到的形状，在设计图上看不到的地方，可以参照这张图片。

2

最顶端和底端中间 4 个方块的两侧是砂岩台阶。然后用方块摆放出长 7 个方块、宽 4 个方块的长方形，建造躯干的正面部分。

3

如图，一边在蜗牛的正面组合台阶和方块，一边加工蜗牛的躯干，让其看上去更立体。

4

凋零骷髅头

橡木栅栏

在完成的头顶部分继续放置砂岩台阶。用橡木栅栏做蜗牛的角，凋零骷髅头做蜗牛的眼球。

完成！

招财猫房屋

尝试在我的世界里建造我们熟悉的可以用来开运的招财猫吧！小判是用萤石做的，晚上会泛着微光。虽然建造招财猫有点困难，但是从底座开始，建造得比较牢固就没什么问题。喜欢猫的玩家可以尝试着建造哟！

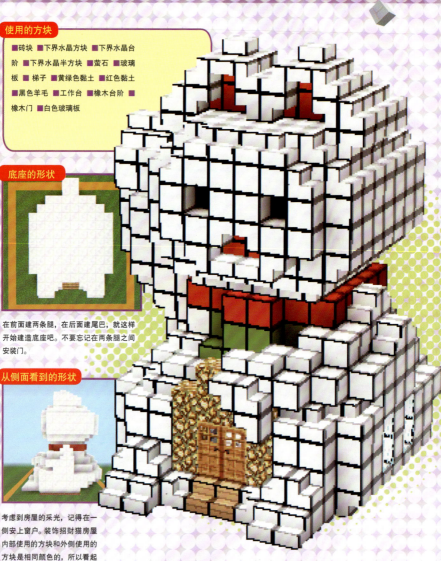

使用的方块

■砖块 ■下界水晶方块 ■下界水晶台阶 ■下界水晶半方块 ■萤石 ■玻璃板 ■梯子 ■黄绿色黏土 ■红色黏土 ■黑色羊毛 ■工作台 ■橡木台阶 ■橡木门 ■白色玻璃板

底座的形状

在前面建两条腿，在后面建尾巴，就这样开始建造底座吧。不要忘记在两条腿之间安装门。

从侧面看到的形状

考虑到房屋的采光，记得在一侧安上窗户。装饰招财猫房屋内部使用的方块和外侧使用的方块是相同颜色的，所以看起来并不起眼。

STEP 1 建造招财猫的躯干

招财猫房屋的躯干的形状比较复杂，所以充分利用黑色辅助方块进行建造吧。招财猫要摆造型，所以要注意，它并不是左右对称的。

1

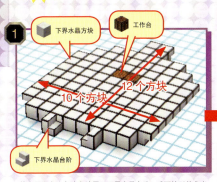

下界水晶方块　工作台

12个方块

10个方块

下界水晶台阶

基座周围有几个地方放置了下界水晶台阶。后面的形状参考一下 POINT 部分的照片。中间褐色地板部分是工作台。

2

下界水晶台阶

橡木台阶

后面的 4 个方块中，下面 2 个是下界水晶方块，上面 2 个是下界水晶台阶。参照一下 POINT 部分的图片。

3

之后破坏掉

在后面放置黑色辅助方块，建造起来会相对容易。不需要辅助方块的时候，将其破坏掉即可。

4

之后破坏掉

一边放置黑色辅助方块，一边建造右侧部分。这一边的辅助方块也是在不再起作用的时候破坏掉即可。

POINT!

这是从后面看到的形状

当玩家想看一下在设计图里看不到的部分的时候，可以参考这张在斜侧视角拍摄的照片。因为形状比较复杂，可能会造成一些失误，所以从各个角度确认一下招财猫的形状是很重要的。

5

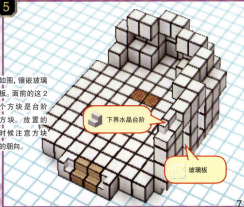

如图，镶嵌玻璃板。面前的这 2 个方块是台阶方块。放置的时候注意方块的朝向。

下界水晶台阶

玻璃板

71

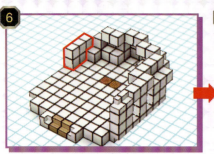

6

如图放置下界水晶方块。对面一侧和面前这一侧的方块不是对称的，所以要仔细观察图片。

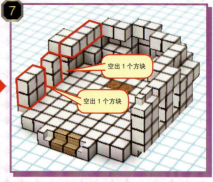

7

空出 1 个方块

空出 1 个方块

这个地方没有辅助方块也可以建造。放置方块的时候要注意窗户的位置，留出高 2 个方块、宽 1 个方块的空白部分。

8

下界水晶台阶

玻璃板

在上一步中留出的空白部分镶嵌玻璃板，如图摆放 4 个台阶方块，台阶方块要朝向外侧。这样一来，这一面也建好了。

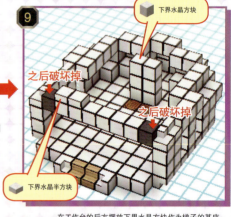

9

下界水晶方块

之后破坏掉

之后破坏掉

下界水晶半方块

在工作台的后方摆放下界水晶方块作为梯子的基座。辅助方块的说明参考 POINT 部分。

POINT!

重点

台阶方块的形状

要想把台阶方块摆放成 "L" 形，需要在面前这一侧放置台阶。在辅助方块的前面放置台阶，然后破坏掉辅助方块，在辅助方块的位置继续放置台阶，即可摆成 "L" 形。

10

萤石

橡木门

在门的周围摆放萤石，将其包围起来。这是小判的部分，另外，萤石不仅能照亮外部，也能照亮建筑物里面呦。

STEP 2 调整手脚和脖子周围

躯干建好以后，开始建造脖子周围、手（确切地说应该是前脚，但是为了通俗易懂，这里使用"手""手腕"）、脚部分。前脚和脖子周围不是很难，但是右手腕的形状非常复杂哟。

下界水晶台阶

参照前面一页的 POINT 部分如图摆放好门旁边的台阶方块以后，破坏掉辅助方块。

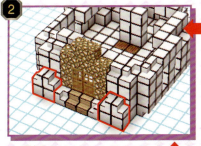

建造脚跟部分。如图组合摆放下界水晶方块和下界水晶台阶。

重点 POINT!

从其他角度确认一下手腕部分

手腕部分的内侧在设计图上看不到，所以一边仔细参考这张图片，一边建造吧。建造复杂的立体部分时，认真从各个角度确认一下是非常重要的。

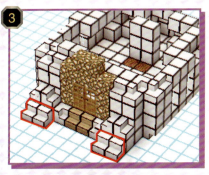

脚前端建好后，脚的建造就完成了。这个地方也只摆放了下界水晶台阶，所以比较简单。

下界水晶台阶

黄绿色黏土

建造脖子周围部分。图中的绿色部分是黄绿色黏土。注意，左手边的这个角上的 3 个方块是台阶方块。

建造手腕的底座，为下一个步骤做准备。因为在设计图中无法看到后面的形状，所以放置的时候，看一下 POINT 部分的图片。

STEP 3 建造右手腕

招财猫最大的特点就是它右手向上举起，摆出招手的造型。一边参照前一页的 POINT 部分的照片，一边建造右手腕吧。这一部分是最复杂的，但只要静下心来建造就没问题。

1

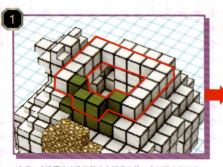

在前一个步骤中建造的基座上铺设方块。内侧部分参照前一页 POINT 部分。

2

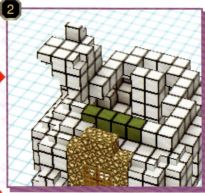

这个地方也是无法通过设计图看到全部形状的，所以参照一下前一页的 POINT 吧。

3

下界水晶台阶

竖着摆放 3 个下界水晶方块，然后在上面放置 1 个台阶，在内侧继续竖着摆放 4 个方块，然后在上面放置 1 个台阶。3 个方块之上的台阶朝向和 4 个方块之上的台阶朝向不一样，注意确认。

4

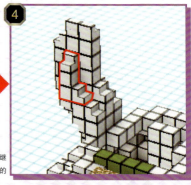

为了让右手腕看起来是立体的，如图，在面前这一侧放置方块。这个地方多次使用了台阶，一定要仔细查看。

5

下界水晶半方块

建造手的前端。在下界水晶方块上放置的是下界水晶半方块。

6

下界水晶台阶

最后，一边注意招财猫的招手造型，一边放置台阶方块，手腕部分的建造就完成了。这部分的 4 个方块全是台阶方块哟。

STEP 4 建造头部

建好手腕部分后，开始建造头部。头部是左右对称的，所以没有建造躯干和手腕那么难。建造建筑物的二楼时，需要在之前建好的梯子的基座部分继续放置梯子。

接下来要在变窄的地方建造脖子。最长的这个地方有 5 个方块。配合招财猫脖子的高度，增加梯子底座的高度。

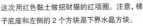

红色黏土

这次用红色黏土做招财猫的红项圈。注意，梯子底座和左侧的 2 个方块是下界水晶方块。

梯子

下界水晶台阶

建造二楼的地板。上面和左右两侧的 3 个方块是朝向外面的台阶方块。在这个步骤中安装梯子吧。

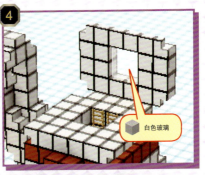

白色玻璃

使用辅助方块建造脸的后面。四角是台阶方块，放置的时候要仔细观察朝向。

如图，在图 4 中脸的后面部分继续摆放方块，最上面和最下面的是台阶方块。加上图 4 中的部分，一共是 6 块台阶方块。

建造猫脸的两侧，里面台阶的放置方法和"STEP 1"中的 POINT 部分说的放置方法相同，参照一下吧。

STEP 5 建造猫脸

建好头部的顶端部分，接下来终于是脸部的建造了。为了让眼和嘴看起来分别是黑色和红色的，在内侧镶嵌了彩色方块。动物的脸最重要，为了让它看起来更可爱，一定要仔细建造哟！

1

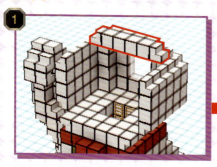

内侧的 4 个台阶方块是朝向外侧的。放置好后面的 4 个台阶方块后，在面前一侧放置 4 个台阶方块，在两端放置 2 个台阶方块。

2

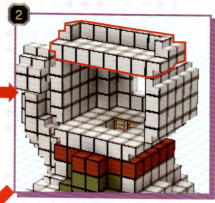

如图，将猫头的顶部填补好后，在上面横着放置 8 个台阶方块，在两端前面 1 个方块的位置放置台阶。

3

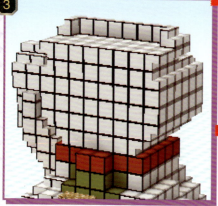

如图，将正脸部分也全部填补好。虽然是平面，但也要在这上面描绘出猫脸。

4

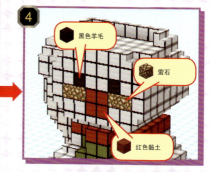

黑色羊毛

萤石

红色黏土

眼睛用黑色羊毛，嘴巴用红色黏土，脸颊用萤石。这是为了突显眼睛和嘴巴的颜色而建造的底座。

POINT!
从其他角度确认一下形状

再一次从其他角度确认一下形状。为了打造出圆的感觉，这个部分很多角的建造比较复杂。特别是后面容易出错，一定要检查。

5

在刚才带有颜色的方块上放置方块，让脸看起来是立体的。为了让嘴凸出来，要下一些功夫组合放置台阶方块。

STEP 6 建造左手腕和耳朵

脸部也建好了，只剩下左手腕和耳朵没有建造了。虽然左手腕不像右手腕摆着造型，但也是有一定形状的。建造的时候要注意左手腕是放在小判上面的。耳朵部分和嘴巴一样，也先放置红色方块。

1

在"L"形的底座上继续向上放置一层方块，然后在这一层方块上面如图放置 2 个台阶方块。

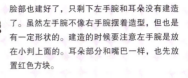

2

3

外侧是 4 个方块和 2 个台阶方块，正面这一侧是 3 个方块和 2 个半方块，建造的时候要注意每一部分方块的放置。

4

下界水晶台阶

最后建造手。仔细观察图并如图放置1个方块、2个半方块、3个台阶。

从左侧依次放置 3 个方块、1 个台阶、2 个半方块来建造招财猫的耳朵。悬浮方块的放置要充分利用辅助方块。

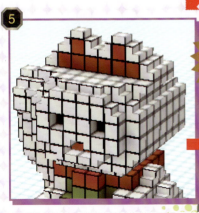

5

完成！

如图摆放红色黏土，并用台阶和半方块将其包围。最后用台阶和半方块将耳朵的立体感表现出来，建造就完成了。从各个角度重新检查一遍，看是否有不自然的地方。

考拉房屋

难易度　★★☆

考拉房屋是一系列比较复杂的动物建筑中相对好建造的，基本上是左右对称，参考着样本建造会比想象的还简单。令人开心的是使用的方块种类也比较少。

使用的方块

■石砖　■石砖台阶　■铁砧　■灰色羊毛　■玻璃板　■石砖半方块　■橡木门　■淡蓝色黏土

第2章　建造有趣的房屋

底座的形状

为了在屁股的位置突出尾巴的形状，放置方块的时候向外突出1个方块。

从侧面看到的形状

考拉的这个造型简直就像是紧紧抱住树。背后比较圆滑，让它看上去更像考拉，更可爱了。

STEP 1 建造躯干

要一边考虑考拉特有的圆弧状躯干，一边建造。重要的是一边按照设计图建造，一边认真检查从后方看到的考拉的形状。因为考拉是左右对称的，所以建造起来比较简单。一边参考这个样本，一边建造吧。

1

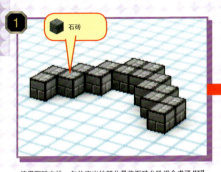

石砖

使用石砖方块。向外突出的部分是将石砖台阶组合成了"T"形，并且只放置了2个方块。

2

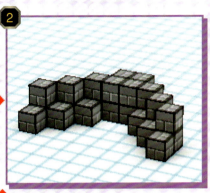

如图，继续堆积方块。在这个步骤中，也只使用了2个台阶方块。

3

石砖台阶

玻璃板

在后面台阶方块的上面建造考拉的背部。在中间宽2个方块、高3个方块的空白处安放了玻璃板。玻璃板上面的3个方块都是台阶方块。

4

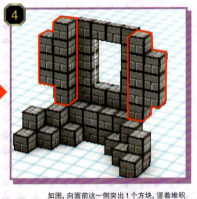

如图，向面前这一侧突出1个方块，竖着堆积5个方块，在这5个方块的外侧竖着放置3个方块。一口气建完考拉躯干的两侧。

POINT!

从后面看到的形状

因为无法从设计图中看到考拉后面的形状，所以在这里从后面确认一下此时的考拉的形状吧。在这个阶段建错了，还比较好修正。

5

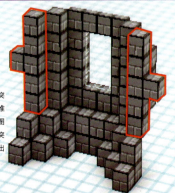

继续在面前这一侧突出1个方块，竖着堆积5个方块。如图建造两端仅向外突出1个方块的突出部分。

79

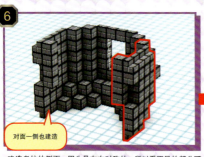

6

对面一侧也建造

建造考拉的侧面。因为是左右对称的，所以看不见的部分可以参照面前一侧和内侧方块的放置来堆积。

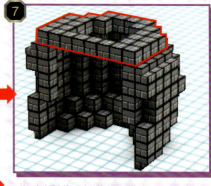

7

接下来放置方块，将考拉的脖子包围起来。这一部分没有使用台阶，全部是石砖。

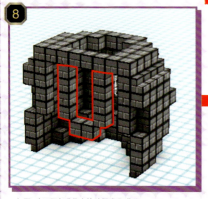

8

如图，在正面部分将方块放置成"U"形。

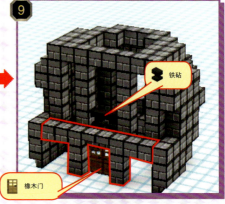

9

铁砧

橡木门

在"U"形的空白处摆放2个铁砧。门上方的2个方块是台阶哟！

POINT!

重点

注意考拉脚上的空洞

虽然下面两端空洞处的形状很奇怪，但是却非常重要。这一部分正好是考拉的脚，而且还可以作为房屋的空间加以利用，所以建造时一定要留出这样一个空间。

10

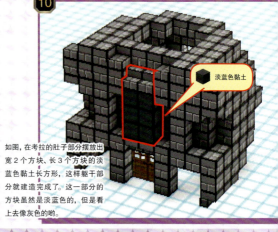

淡蓝色黏土

如图，在考拉的肚子部分摆放出宽2个方块、长3个方块的淡蓝色黏土长方形，这样躯干部分就建造完成了。这一部分的方块虽然是淡蓝色的，但是看上去像灰色的哟。

STEP 2 建造头部

接下来是考拉头部骨架的建造。让这个作品看起来更像真实考拉的诀窍是让它的脖子变细。首先在躯干上放置的方块要比躯体小一圈，然后在脖子的上方建造比脖子大一圈的头部，让脖颈部分有张有弛。

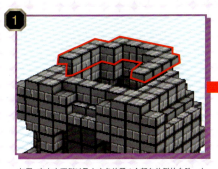

① 如图，在左右两侧以及上方各放置 4 个朝向外侧的台阶。之后在 "コ" 形的内角处放置石砖。

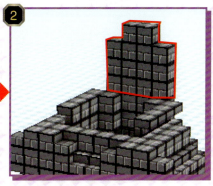

② 在 4 个台阶方块的上方摆放出 3×4 个方块的长方形，然后在长方形上面放 2 个方块做考拉的后脑勺。

之后破坏掉

③ 如图堆积方块。放置考拉头部突出的 2 个方块的时候，需要使用褐色辅助方块，之后将其破坏掉即可。

之后破坏掉

④ 在建造头部侧面之前，先在这里放置褐色辅助方块。建造完成后，可以将辅助方块破坏掉。

从后面看到的形状

这里也要从后面确认一下。看一下考拉的后背是否有圆弧，脖子是否变细了。如果都没有问题，接下来就是脸部的建造了。

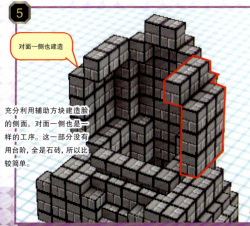

⑤ 对面一侧也建造

充分利用辅助方块建造脸的侧面。对面一侧也是一样的工序。这一部分没有用台阶，全是石砖，所以比较简单。

6

之后破坏掉 →

填补头顶的空白处。这里也没有用台阶，全是石砖。另外，放置辅助方块，为下一个步骤做准备。

7

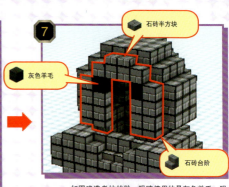

石砖半方块

灰色羊毛

石砖台阶

如图建造考拉的脸。眼睛使用的是灰色羊毛。眼睛上方的 4 个方块的上面铺设了 2 个半方块。

8

接下来填补脸的正面。眼部用的是台阶。充分利用台阶的 "L" 形突显考拉眼睛的内凹形状。

POINT!

重点

仔细看好考拉的眼睛

从正面看，能够很明显地看到考拉的眼睛里面是黑色的。虽然从设计图中比较难看到，但是考拉有圆滚滚的眼睛哟！

9

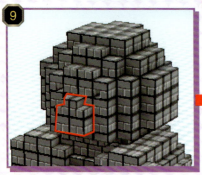

安好考拉的 "凸" 字形鼻子，脸部的建造就完成了。此处是在 2 个石砖方块的上面放置了石砖台阶。

10

对面一侧也建造

如图，将脚的部分向前拓宽 2 个方块，为下一步骤做好准备。注意不要把脚前面的空洞填起来。

STEP 3 建造手和脚

建好手、脚以及耳朵之后，考拉的建造就完成了。考拉的手和脚的形状不仅不复杂，还左右对称，所以建造相对简单。耳朵也不厚，建造起来也比较简单。一口气将它建好吧。

1

对面一侧也建造

如图放置方块。上面的 2 个方块是石砖半方块，为了表现脚尖是逐渐变窄的。

2

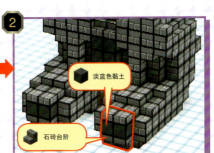

淡蓝色黏土

石砖台阶

由下往上依次放置台阶、淡蓝色黏土、半方块，将脚前面的洞堵起来。

3

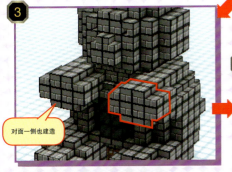

对面一侧也建造

从手腕根部向前放置两层方块，最下面的是台阶。

4

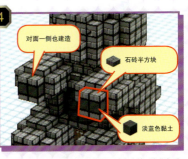

对面一侧也建造

石砖半方块

淡蓝色黏土

由下往上依次放置石砖半方块、淡蓝色黏土、石砖半方块，即可完成手腕的建造。

5

对面一侧也建造

完成！

最后，如图安好考拉的耳朵，建造就完成了。耳朵后面没有弧度，所以直接堆积方块即可。

松鼠房屋

虽然在我的世界里并没有松鼠，但是可以建造松鼠房屋。因为是用木板建造的，所以给人一种温暖的感觉。松鼠房屋的构造看上去比较简单，但是要注意，尾巴的建造比较复杂，是有弧度的。

使用的方块

■橡木木板　■橡木台阶　■松木木板　■松木台阶　■褐色玻璃板　■灰色羊毛　■下界水晶方块

底座的形状

为了表现尾部的条纹，使用了不同的木板方块。

从侧面看到的形状

最吸引人的就是向上翘起的软软的可爱的尾巴。

第2章　建造有趣的房屋

84

STEP 1 建造尾巴

软软的尾巴建造起来比较复杂。因为尾巴和躯干连接在一起，所以先建造尾巴比较好。组合使用橡木木板和松木木板能完美表现出尾巴上的条纹。

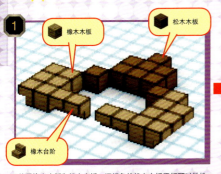

1 橡木木板　松木木板　橡木台阶

使用橡木木板和松木木板。深褐色的松木木板正好可以做松鼠的尾巴根。

2 最里侧的部分　之后破坏掉　黑橡木台阶

如图，一边放置黑色辅助方块，一边建造尾巴。辅助方块使用后，一定要记得破坏掉。

3 8个方块　里侧倒数第二层

为了将刚才建好的最里侧部分隐藏起来，如图摆放出一个高为8个方块的平面。顶点和四角使用的是橡木台阶哟。

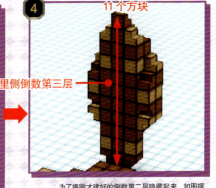

4 11个方块　里侧倒数第三层

为了将刚才建好的倒数第二层隐藏起来，如图摆放出一个高为11个方块的平面。台阶的朝向比刚才要复杂，仔细看图。

POINT!
从后面看一下

尾巴完成以后，从后面确认一下形状。只要呈现出软状的条纹尾巴就可以。如果发现了比较奇怪的地方，趁机将其修正过来。

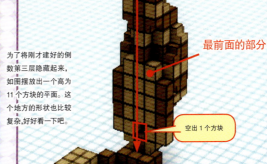

5 11个方块　最前面的部分　空出1个方块

为了将刚才建好的倒数第三层隐藏起来，如图摆放出一个高为11个方块的平面。这个地方的形状也比较复杂，好好看一下吧。

85

STEP 2 建造躯干

从尾巴开始逐渐向面前一侧建造躯干。松鼠的头部是这栋建筑物的二楼,所以有必要建造梯子的底座,并放置梯子。虽然稍微有点复杂,但因为是左右对称的,所以也没有那么困难。

1

之后放置梯子

如图建造躯干部分。向正中间延伸的 7 个方块是梯子的底座部分。

2

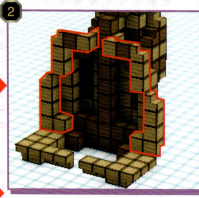

向前摆放一层方块。这一部分也是左右对称的,内侧看不见的地方可以参考面前这侧的建造方法。

3

6 个方块

这一部分的左右两侧稍微有些不同。图中左侧部分需要留出安装窗户的位置,仔细看图建造。

4

褐色玻璃板

用褐色玻璃板做窗户,之后如图填充躯干两侧。

POINT!

重点

头部是建筑物的二楼

虽然一楼给人一种狭窄的感觉,但是因为安置了梯子可以爬到二楼,确保了可以用来生活的空间。可以在一楼放置箱子、工作台等家具,在二楼放置床,作为休息的场所。

5

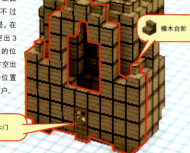

一口气填好正面部分吧。不过要注意的是,在中间部分空出 3×3 个方块的位置,在上方空出 1 个方块的位置用来安装窗户。

橡木台阶

橡木门

⑥

如图建造两个脚跟部分。因为左右是对称的,所以可以一次完成。

⑦

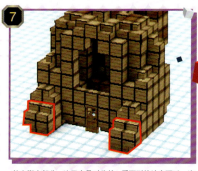

补充脚尖部分。这里也是对称的,看不到的地方可以一边从各个侧面观察一边建造。

⑧

最后补充脚的最前端部分。认真组合 4 个台阶即可建造出图片中的形状。

^{重点}
POINT!

要注意玻璃颜色的搭配

虽然可以使用透明的玻璃,但为了配合松鼠的颜色,这里使用了褐色玻璃板。这样不仅可以将光引进屋内,颜色也没有那么醒目,可以比较自然地将其作为窗户使用。

^{重点}
POINT!

从侧面确认一下脚的形状

如果想确认一下里侧看不见的部分,可以参考这张图片。虽然是左右对称的,但是可能会有意想不到的差错,所以一定要仔细检查。

⑨

褐色玻璃板

在躯干的最中间部分添加方块,安装作为窗户使用的褐色玻璃板吧。

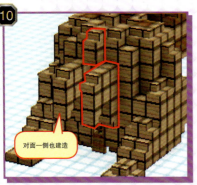

对面一侧也建造

接下来如图安装松鼠的两个手腕。注意,不要将窗玻璃旁边的空白处填补起来。

看一下右手腕的侧面

虽然手腕部分是左右对称的,但是形状比较复杂。参考这张图片确认右手腕的建造是否正确。

对面一侧也建造

如图,在手腕的外侧继续补充方块。记得有一个地方是台阶哟!

这个洞穴是二楼的入口

如图建造二楼的底座部分。最前面的突出部分是半方块。

安装梯子

如图添加 3 个松木木板作为梯子的底座,梯子也一起安装好吧。

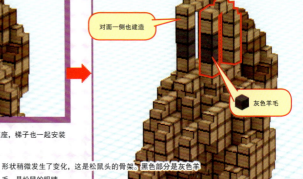

对面一侧也建造

灰色羊毛

形状稍微发生了变化,这是松鼠头的骨架。黑色部分是灰色羊毛,是松鼠的眼睛。

STEP 3 建造头部

建造好头部，松鼠屋就建造完成了。松鼠的眼睛不仅使用了黑色方块，还使用了白色方块，这样可以表现出它的可爱。脸是立体的，看上去比较难建造，但是只要逐步建造即可。这里也是左右对称的，建造起来相对容易。

1

下界水晶方块

白色的方块是下界水晶方块。虽然看上去有点恐怖，但还是如图建造眼睛的底部吧。

2

填补脸的侧面和正面。为了能够顺利看到黑白相间的眼睛，这里组合使用了台阶方块，最下面使用了半方块。

3

对面一侧也建造

覆盖正面的黑白方块。虽然无法从正面看到松鼠的眼睛，但可以从侧面看到完整的眼睛。

4

补充鼻子部分。如图，横着摆放 3 个方块，再在它上方放置 1 个方块，十字架的下面是台阶。

5

对面一侧也建造

完成！

最后组合使用 2 个台阶，建造松鼠的耳朵。要一次建好它的两只耳朵哟！

89

蘑菇房屋

在我的世界的森林中偶尔会发现蘑菇。虽然红白相间的外观十分可爱，但是在这次建造中没有使用森林中的蘑菇方块。轴干部分是一楼，伞的部分是二楼，这种实用的形状比较适合生活。

使用的方块

■红色黏土 ■砂岩 ■砂岩台阶 ■羊毛 ■玻璃
■梯子 ■橡木门

底座的形状

从蘑菇的这个方向来看，它接触地面的一面并不是很大，所以底座的建造比较简单。

从侧面看到的形状

重点是伞的前面比轴干部分多出四层方块，伞的后面比轴干多出三层方块。

90

STEP 1　建造轴干的骨架

蘑菇的轴干部分看上去很简单，实际建造起来比较复杂。这一部分需要使用砂岩和砂岩台阶建造。轴干前后两部分都有玻璃窗。虽然窗户被伞遮盖起来了，但是却能很好地接受光照。

1 砂岩
6个方块
6个方块
砂岩台阶

中间部分是砂岩，边缘部分是砂岩台阶，砂岩台阶全部是颠倒放置的。放置的时候，台阶方块的突出部分朝向外侧。

在正对面这侧的边缘放置台阶，如图建造房子的入口。重点是从玄关进入室内的高低差也是台阶状的哦。

2 砂岩台阶

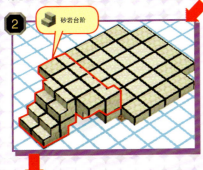

3

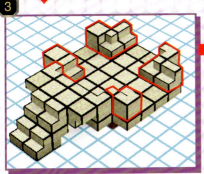

如图，将四个角包围。面前这一侧只使用了台阶方块，里面的两侧组合使用了台阶和砂岩方块。

4 砂岩台阶　之后破坏掉

将左右和背面用台阶包围起来。另外，为了使接下来的建造顺利进行，在图中标示的位置放置黑色辅助方块。

5 内侧
之后破坏掉
之后破坏掉

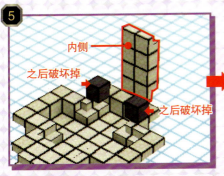

在辅助方块上如图堆积方块和台阶，完成后将辅助方块破坏掉即可。接着放置下一个步骤中需要使用的辅助方块。

6 砂岩台阶
中央
砂岩

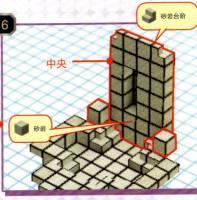

充分利用辅助方块，在两端放置1个方块。另外，在中间部分如图建造墙壁，墙壁的最上层使用的是台阶方块。

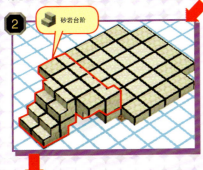

面前

7

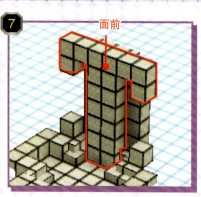

为了将刚才的墙壁覆盖起来，边看图边建造一面"T"形墙壁。

8

梯子

玻璃

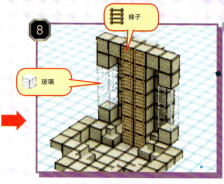

从"T"字两端开始，向下放置玻璃。另外，在"T"字的中间部分放置能够爬上二楼的梯子。

POINT!

从后面确认一下

为了突显蘑菇轴干部分是鼓起的，台阶的组合和放置比较复杂。参考这个图，认真地从各个角度确认设计图中无法看到的地方。

9

砂岩

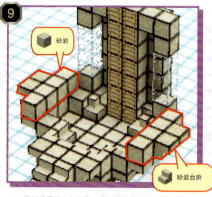

砂岩台阶

两侧放置了4个方块，方块的外侧颠倒放置了台阶。这一部分是左右对称的，看不到的地方可以参照对面一侧。

10

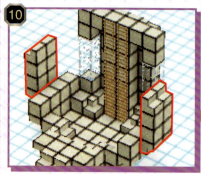

在刚才的台阶上面堆积2×2个方块，在此之上继续放置台阶。这里也是左右对称的。

11

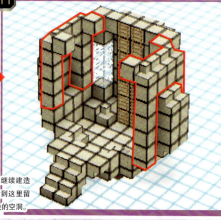

为了将刚才的墙壁包围起来，继续建造墙壁。如果从内侧看，就会看到这里留了一个宽2个方块、高3个方块的空洞。注意不要把它填补起来。

STEP 2 调整轴干，准备伞的建造

建造完轴干部分之后，接下来建造蘑菇伞。和伞部连接的轴干形状特别复杂，台阶摆放的朝向要比之前还要谨慎。虽然有点困难，但只要认真建造，就能使它看上去更像蘑菇。

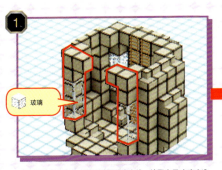

1

玻璃

在正面的上方和左右两侧放置砂岩方块，接下来用玻璃建造一扇宽 1 个方块、高 3 个方块的窗户。此处的窗户和后面的窗户是一样的。

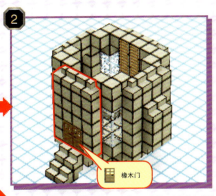

2

橡木门

安装好门后，在门的两侧各堆放五层方块，在最顶端方块上放置台阶。门的上方是三层方块加一层台阶，注意台阶的朝向。

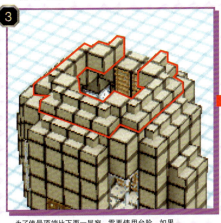

3

为了使最顶端比下面一层窄，需要使用台阶。如果从里侧开始放置台阶，就不需要使用辅助方块了。

4

红色黏土

建造 4 个

在图中台阶的位置放置 4 个红色黏土，一共有四个地方需要放置。这四个角会成为蘑菇伞的底座。

POINT! 重点

从后面看到的形状

在这个步骤中，台阶的放置是比较复杂的。玩家需要观察别的角度拍摄的照片来确认是否有弄错的地方。特别是上边变窄的地方，台阶的方向是非常容易弄错的。

5

建造 4 个

延长刚才建造的四个部分，如图放置红色黏土，将轴干包围起来。

STEP 3 建造伞的底座

从这里开始正式建造蘑菇伞。虽然看上去是比较难建造的圆鼓鼓的形状，但前后左右基本上是对称的，所以构造并没有那么复杂。蘑菇上到处散落着白点，需要从各个角度确认哟。

1

之后破坏掉

在刚才建好的底座下面继续摆放方块，将底座向面前这侧扩展1层。在图中位置放置辅助方块，建造会变得比较容易。

2

空出来

破坏掉辅助方块之后，如图建造出四方形。虽然看上去是12×12个方块的正方形，其实背面一侧的两端是空出来的。

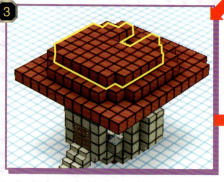

3

在堆放的3个方块上方的台阶上和4个方块的上方放置彩色黏土，将蘑菇轴干覆盖起来。要注意的是，虽然图中比较难发现，但是真的有从一楼爬上二楼的过道哟。

4

玻璃

羊毛

建造蘑菇的内侧部分。白点部分是羊毛，窗户部分是玻璃。重点是，它们散落在各处。

5

之后破坏掉

在两端添加宽2个方块、高3个方块的长方形。另外，为了下一步的建造，如图插入辅助方块。

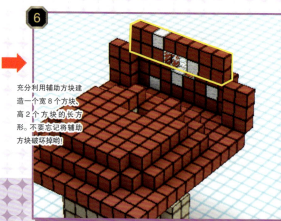

6

充分利用辅助方块建造一个宽8个方块、高2个方块的长方形。不要忘记将辅助方块破坏掉哟！

第2章 建造有趣的房屋

94

STEP 4 建造伞的骨架

为了将伞的底座覆盖起来，逐步建造伞的骨架吧。玩家完全不能从设计图中检查里侧侧面的形状，所以有必要一边从 POINT 中确认白点和玻璃的放置，一边建造。

1 之后破坏掉

这里也必须用辅助方块。如图，在两端补充 6 个方块，宽是 2 个方块、高是 3 个方块。

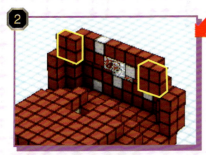

2

在左右两侧的辅助方块的前面分别建一个 2×2 个方块的正方形，然后将辅助方块破坏掉。

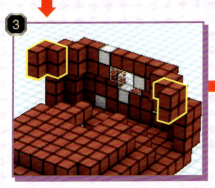

3

为了让刚才建造的 2×2 个方块的正方形看上去是向外凸出的，如图继续放置方块。

4 之后破坏掉

如图所示，放置一根长 3 个方块的柱子，然后在柱子上面放辅助方块。辅助方块是下一步骤中必不可少的。

5 之后破坏掉

充分利用辅助方块来放置普通方块，放置方法和里侧相同。这边的辅助方块使用完，也是需要破坏掉的。

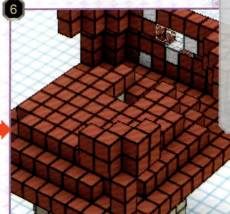

6

破坏掉辅助方块以后，骨架的基础部分就完成了，接下来终于要建造蘑菇伞的各个面了。

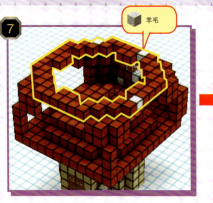

羊毛

7

首先在蘑菇上方放置方块。方块的数量很多，但前后左右是对称的，前后两侧和左右两侧可以分开放置。

8

继续在蘑菇的上层堆叠方块。顶部的形状发生了变化，并且中间空出了一个洞。注意，不要出现错误。

重点 POINT!

确认一下里侧侧面的形状

无法从设计图中确认里侧侧面的形状，所以一边观察这张图片，一边建造吧。这一侧基本是左右对称的，前后两侧的建造方法虽然一样，但是一定要注意，白点花纹的位置不同。

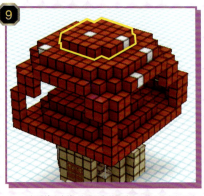

9

如图填充方块，完成顶部的建造。不要忘记在各处放置用来表现白点花纹的羊毛。

10

8个方块

建造面前的这个侧面吧。建一个宽为8个方块、高为2个方块的长方形。不要忘记放置羊毛和玻璃。

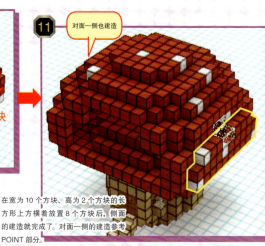

11

对面一侧也建造

在宽为10个方块、高为2个方块的长方形上方横着放置8个方块后，侧面的建造就完成了。对面一侧的建造参考POINT部分。

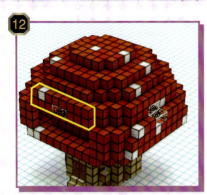

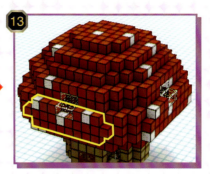

最后来填补正面的洞吧。在宽为 8 个方块、长为 2 个方块的长方形上面两侧各建造一个宽为 3 个方块、高为 2 个方块的长方形。

依次放置 8 个、10 个、8 个方块。注意，这个地方的形状和侧面是稍有不同的。

最后从其他角度再确认一下蘑菇的形状

建造完成以后，从四周再观察一下大体的形状，确认有没有弄错的部分。特别要注意的是，里侧的侧面和背面在设计图中是看不到的，所以可能会有意想不到的差错。确认后，蘑菇房屋的建造就完成了。

完成！

使用"3-2-1 规则"就可以简单快捷地建出圆形

建造圆形的时候，一边考虑它的形状，一边建造会比较困难。使用"3-2-1 规则"，建造起来就比较简单了。如图，首先在右侧横着放置 3 个方块，在 3 个方块的斜右下方放置 2 个方块，然后在 2 个方块的斜右下方放置 1 个方块。重点是依次递减 1 个方块。接下来向左旋转 90 度，竖着放置方块，先放置 2 个，然后在斜左下方放置 3 个，每次移动的时候要多放置 1 个。如此一来，不知不觉就建好圆形的四分之一了。重复四次以上步骤就可以建出一个漂亮的圆形。

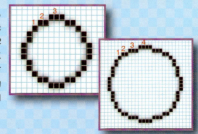

双肩背包房屋

这次介绍的是巨大的双肩背包房屋。虽然样本是红色的，但是玩家可以根据自己的喜好选择不同颜色的方块。重点是背带和侧面金属零件等细节部分的打造。将房屋里面的家具比作文具这一点也十分有意思。

使用的方块

- ■ 红色黏土
- ■ 石砖
- ■ 石砖台阶
- ■ 石砖半方块
- ■ 末地石砖
- ■ 玻璃
- ■ 白色玻璃
- ■ 铁门
- ■ 按钮

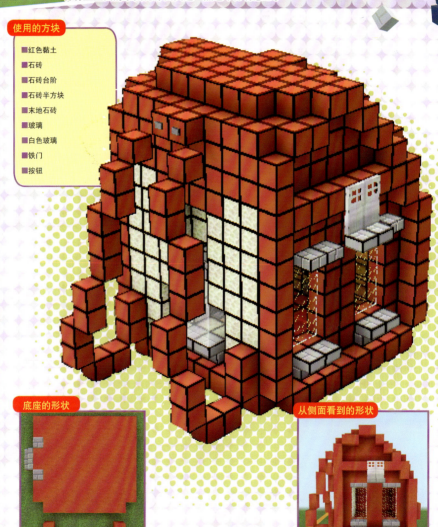

底座的形状

双肩背包紧贴背部的这一侧稍微向外扩展了一点。一边牢记背包的形状，一边建造吧。

从侧面看到的形状

入口在背包的侧面。为了保证室内有充足的光照，侧面还安装了窗户。

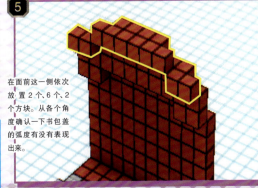

STEP 1 建造书包盖

红色方块是红色黏土。黏土有多种颜色，选择自己喜欢的颜色来建造吧。"STEP 1"中主要建造了双肩背包的书包盖部分。建造的时候要时常从后面确认。

1 石砖 / 红色黏土 / 9个方块 / 8个方块

最长的部分是9个方块，面前这一侧是8个方块。图中左侧部分是这个房屋的入口，提前用石砖台阶和石砖做地基。

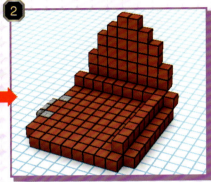

2

在最靠里侧的位置依次建造长8个方块、宽2个方块的长方形和长6个方块、宽2个方块的长方形，然后在这上面继续横着摆放4个方块，在最高层摆放2个方块。

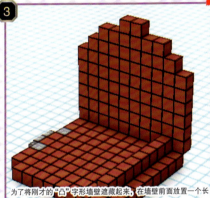

3

为了将刚才的"凸"字形墙壁遮藏起来，在墙壁前面放置一个长为10个方块、高为六个方块的长方形，然后在长方形上方依次向上叠加8个、6个、2个方块。

4

要注意双肩背包的曲线部分，然后按图中的布局放置方块。

POINT!

确认盖子的曲线部分

从后面能够很明显地看到，这部作品完美地呈现了双肩背包的圆鼓鼓的样子。虽然设计图是面前的这张照片，但要一边建造，一边从各个角度观察书包的形状。

5

在面前这一侧依次放置2个、6个、2个方块。从各个角度确认一下书包盖的弧度有没有表现出来。

STEP 2 建造顶部和两侧

盖子的部分完成以后，逐步建造顶部和两侧房屋的骨架吧。两侧安有作为金属零件的窗户，零件部分的设计都是各不相同的，一定要好好参照图示建造。

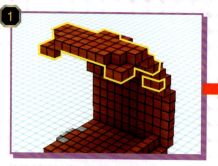

1

如图，向着前面这一侧依次放置 10 个、8 个、6 个方块，在左右两侧顶角部分分别放置 3 个方块。

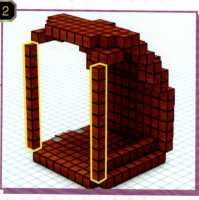

2

如图，竖着放置一根 10 个方块高的柱子。注意柱子并没有触到地面。因为比较容易出错，所以仔细观察着图来建造。

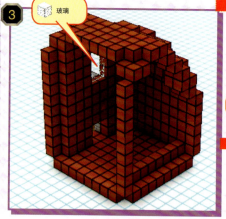

3 玻璃

在柱子向内 1 个方块的地方如图建造墙壁，不要忘记留出入口和窗户。

4 铁门

石砖半方块

石砖台阶

注意，对面这侧的设计跟另一侧稍有不同，窗户的上部是石砖半方块，下部是石砖台阶。

POINT! 重点

门可以用来装饰这个书包

在右手边安装的这个门不是用作出入口的，仅仅是个装饰。另外，正面的这扇窗用的不是普通玻璃，而是白色玻璃哟。

5 白色玻璃

石砖台阶

末地石砖

在上面建造一个长为 8 个方块、高为 3 个方块的长方形，然后在长方形下面添加 4 个方块。另外，为了突显书包的缓冲垫部分，在里侧放置了末地石砖。

STEP 3 调整正面

接下来只要对正面稍作调整即可完成建造了。书包中有足以放下工作台、熔炉、箱子等物品的空间。如果玩家觉得狭窄，可以建两层。

1

最后填补正面的洞穴部分。在上部建造一个长为 8 个方块、宽为 2 个方块的长方形，两侧各建造一个长为 3 个方块、宽为 2 个方块的长方形。

2

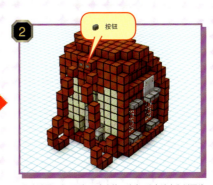

按钮

依次放置 8 个、10 个、8 个方块。注意，这个地方和侧面稍有不同。

重点 POINT!

注意连接肩带部分

为了让背带上部的连接部分看上去像金属零件，特地安装了开关。讲究细节部分的打造会使作品看上去更像真实物品。

完成！

专栏！

分开使用彩色方块

彩色方块大致有四种，分别是羊毛、黏土、玻璃、玻璃板。在这四种彩色方块中，玻璃和玻璃板有特殊用途，可以用来建造窗户等。如果玩家想将墙壁做成彩色的，可以使用羊毛和黏土；如果玩家不知该使用哪种彩色方块，又想营造比较明亮的感觉，可以使用羊毛；想要打造比较稳重的感觉，可以使用黏土。

闹钟房屋

圆形的闹钟是非常可爱的。令人高兴的是，它的构造不是那么复杂，建造的难度也不是很大。虽然遗憾指针不能像真实的闹钟指针那样转动，但是这个作品看上去已经十分真实了。

使用的方块

■松木木板　■松木台阶　■松木方块　■白桦木木板　■白桦木台阶　■黑橡木木板　■石砖　■石砖台阶　■黄色黏土　■玻璃板　■橡木栅栏　■平滑砂岩　■砂岩台阶　■工作台　■圆石台阶　■圆石半方块

第2章 建造有趣的房屋

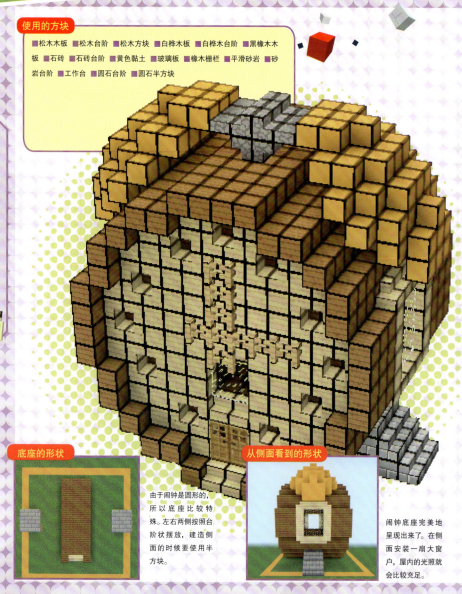

底座的形状

由于闹钟是圆形的，所以底座比较特殊。左右两侧按照台阶状摆放，建造侧面的时候要使用半方块。

从侧面看到的形状

闹钟底座完美地呈现出来了。在侧面安装一扇大窗户，屋内的光照就会比较充足。

102

STEP 1 左右对称，骨架建造比较简单

首先用松木木板建造出圆墙，然后用白桦木板填补前面和背面。虽然地面只有 4 个方块宽，但是由于左右两侧呈阶梯状并且向外扩张，所以不会让人觉得很狭窄。

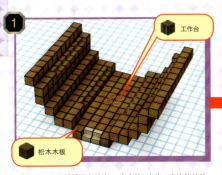

1

工作台

松木木板

首先用松木木板铺设出长为 11 个方块、宽为 4 个方块的地板，然后在中间 2×2 个方块的空白处放置工作台。

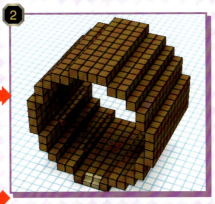

2

暂时先不要考虑窗户和装饰问题，如图，先用松木木板建造一个圆形骨架。

3

白桦木板

用白桦木板将背面覆盖起来。细节部分可过后再调整。详细建造方法参考 POINT 部分的图片。

4

黑橡木木板

如图，用黑橡木木板填补正面。填补的时候，要在内侧离圆周 2 个方块的位置放置方块。

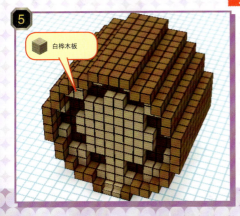

5

白桦木板

如图，在建筑物外侧放置白桦木板。虽然看上去形状比较奇怪，但这会使接下来的建造更顺利。

接下来建造表盘。在表盘上刻画具体的数字是比较难的，就用小孔表示各个数字吧。即便如此，这个作品看上去也十分真实。指针用橡木栅栏来表示。

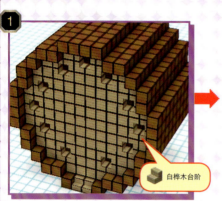

1

白桦木台阶

如图，用白桦木台阶将墙壁覆盖，并在表盘数字"1"到"12"的位置各留一个小孔。

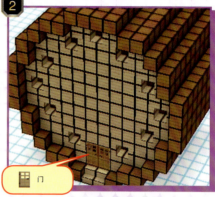

2

门

用门表示数字 6。白桦木的内侧是黑橡木，所以放置门的时候，这两层墙壁都要破坏掉 4 个方块。

POINT!

指针的指向

遗憾的是，栅栏不能斜着放置，所以钟表可以表示的时间也是有限的。不过玩家可以挑战一下，说不定会很有意思哟。

3

白桦木台阶

在表盘的下面安上窗户。窗户上下两部分是白桦木台阶。仔细观察图片并放置吧。

POINT!

在后面安上电池盖

破坏掉后面的几个方块，然后如图安上电池盖。这个地方没有使用白桦木板，而是使用了砂岩台阶和平滑砂岩，这样可以表现出材质的不同。细节部分的打造也十分讲究哟！

4

橡木栅栏

用橡木栅栏表示闹钟的指针。考虑到整个表盘的宽度，将时针和分针做成一样长，看上去会更自然。

STEP 3 添加细节部分

接下来用黄色黏土建造闹钟上必不可少的闹铃，然后用石砖台阶和石砖半方块建造闹钟两侧的钟座。这样，闹钟房屋的建造就完成了。另外，考虑到房屋是用来住的，所以要安上窗户哟。

1

黄色黏土

参照上图建造闹铃部分。

2

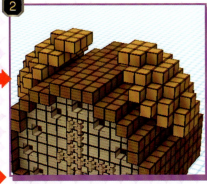

对面一侧也建造。

3

圆石半方块　　圆石台阶

在两个闹铃的中间放置圆石台阶和圆石半方块。正面这一侧是 4 个台阶，侧面是 3 个半方块。

4

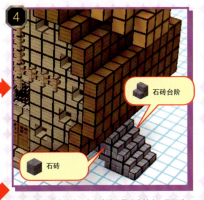

石砖台阶

石砖

在侧面中间的 3 个方块的位置建造钟座，用石砖和石砖台阶来组合建造吧。一侧完成以后，记得在另一侧也建造。

5

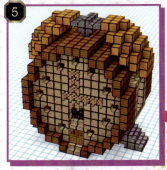

在侧面和背面安上窗户即可完成建造。背面部分参照 POINT 部分。

完成！

蛋糕房屋

这是模仿草莓奶油蛋糕建造的蛋糕房屋。这栋蛋糕房屋不仅能够清楚地看到蛋糕的切面，形状也是非常逼真的，而且房屋中有专门放置家具等的居住空间。

使用的方块

■ 下界水晶方块 ■ 下界水晶半方块 ■ 下界水晶台阶 ■ 红色羊毛 ■ 木按钮 ■ 羊毛 ■ 砂岩 ■ 裂纹砂岩 ■ 砂岩台阶 ■ 玻璃板 ■ 白色玻璃板 ■ 橡木栅栏 ■ 橡木门 ■ 玻璃 ■ 白色玻璃

从上面看到的形状

这是从上面看到的房屋的图片，像是从圆形蛋糕上截取下来的，增强了奶油蛋糕房屋的真实感。

从侧面看到的形状

从侧面看草莓和奶油的摆放，就像三明治一样，且一段一段互相错开的方块体现出蛋糕切面是倾斜的。

从后面看到的形状

全是奶油的背面是这个样子的哟。因为放置了彩色玻璃板，玩家可以从里面看到外面的景色。

STEP 1 建好稳固的底座，后面的建造会变得更容易

建造蛋糕房屋的重点是，它的形状要体现出是从圆形蛋糕上切下来的。建好稳固的底座之后，堆积方块会有一定的基准，接下来的工序也会变得简单。

1

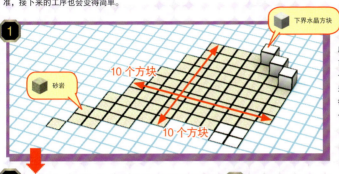

下界水晶方块

砂岩

10 个方块

10 个方块

底座的形状比较复杂。首先用砂岩建造长为 10 个方块的底座的最长的边，然后以此为基准进行建造。在入口和后面一侧放置下界水晶方块。

2

裂纹砂岩

砂岩

建造入口玄关处的框架。按照自己的喜好组合使用砂岩和裂纹砂岩，然后摆放成图中的形状。接下来用同样的方块建造基座的边缘部分。

3

砂岩台阶

颠倒放置砂岩台阶。

4

下界水晶台阶

橡木门

橡木栅栏

在入口处放置橡木门和橡木栅栏，然后在后面一侧放置下界水晶台阶。

POINT! 重点

颠倒放置下界水晶台阶

在后面放置的台阶方块要像图中那样颠倒放置哟！

STEP 2 建造奶油窗户

建造蛋糕房屋的背面。奶油蛋糕上一定会有奶油，使用彩色玻璃板将这一部分的形状建得漂亮一点吧！

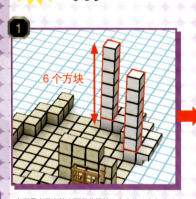

6 个方块

在下界水晶方块上面竖着摆放 6 个方块。左右两侧摆放方法相同。

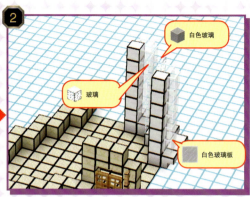

白色玻璃

玻璃

白色玻璃板

在两根柱子之间放置玻璃、白色玻璃和白色玻璃板。

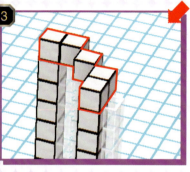

摆放好玻璃和玻璃板后，如图，在上方放置下界水晶方块。

POINT！

使用多块玻璃打造出蛋糕的弧面

组合使用方块状的玻璃和玻璃板能够打造出蛋糕的蓬松的弧面。斜着摆放 3 个方块状的玻璃，然后在玻璃两侧放置玻璃板。

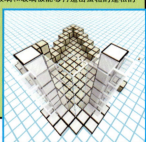

POINT！

台阶方块的摆放方法

如图放置玻璃上面的台阶方块。沿着下界水晶方块摆放，就能摆出图中的形状。

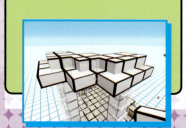

下界水晶台阶

继续在外侧放置台阶方块，无法从设计图中看到的内侧可以参照左边 POINT 部分。

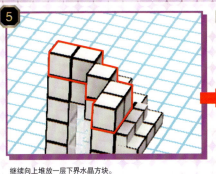

⑤

继续向上堆放一层下界水晶方块。

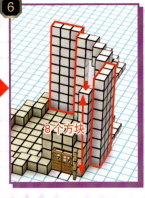

⑥

8个方块

在玻璃板的两侧分别用下界水晶方块建造一面 3×9 个方块的墙壁。然后在玄关的旁边建造一根 8 个方块高的柱子。如此一来，背面部分就完成了。

STEP 3 建造蛋糕胚的墙壁

为了让草莓和奶油看上去像被做成了三明治一样，开始建造侧面的墙壁吧。使用羊毛、彩色羊毛和砂岩，打造出奶油蛋糕的感觉。

①

羊毛

裂纹砂岩

首先建造两根柱子，一根是左边的 3 个羊毛组成的柱子，另一根是玄关旁边的 7 个裂纹砂岩组成的柱子，这会成为墙壁的底座。

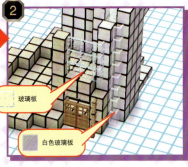

②

玻璃板

白色玻璃板

如图，在柱子和背面墙壁的中间放置 9 个玻璃板。

POINT! 重点

高效建造侧面的方法

建造侧面的时候，首先建造一个由 8 个羊毛组成的框，然后在最中间的部分添加 1 个红色羊毛。多次重复这个操作，并且每次都错开 1 个方块依次摆放，墙壁就可以很快建成。

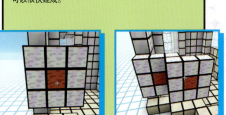

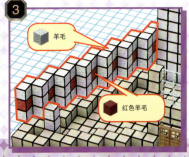

③

羊毛

红色羊毛

从内侧的墙壁开始建造。白色部分使用了羊毛，中间的红色部分是红色羊毛。

建造交通工具模型

建造有趣的房屋

建造酷炫的房屋

建造标志性房屋

成为优秀的工匠——旧建筑翻新改造

4

在面前这侧建造墙壁。建造的诀窍和里面一侧相同，如图建造一个由 8 个羊毛组成的框，中间部分使用 1 个红色羊毛。

5

之后破坏掉

红色羊毛

接下来建造内侧墙壁。黄绿色羊毛是辅助方块，在它前面放置红色羊毛。红色羊毛放置完成之后，将黄绿色羊毛破坏掉。

6

羊毛

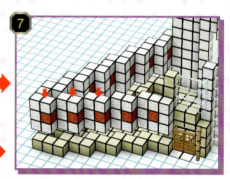

在红色羊毛的周围放置 5 个羊毛，将红色羊毛包围起来并形成"コ"形。确认一下有没有如图放置。

7

按照"步骤 5~6"中方块的数量如图摆放即可。

8

砂岩台阶

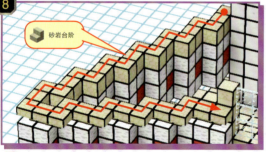

在羊毛上方摆放砂岩台阶。如图，每排放置 3 个方块，排与排之间互相错开 1 个方块。

9

砂岩

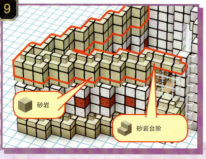

砂岩台阶

在上面放置一层砂岩，在砂岩上方继续放置砂岩台阶。在底层倒数第二层的位置也放置砂岩台阶。

POINT!

颠倒放置羊毛上方的台阶

如图所示，羊毛上方的砂岩台阶要颠倒放置。从内侧有下界水晶方块的地方开始放置更容易。

10 下界水晶方块

玻璃

建到这里之后，开始使用下界水晶方块和玻璃建造房屋盖。

11 下界水晶台阶

在前一步骤中放置的下界水晶方块和玻璃的周围放置下界水晶台阶。

POINT!

房屋内部是这个样子的，放置家具看看

在建造房屋盖之前，可以先往里面放置家具。虽然里面不是很宽敞，但能放下熔炉、箱子等最基本的家具。从图中找效率比较高的配置吧。如果习惯了，居住起来是十分舒适的。

STEP 4 完成蛋糕房屋的建造

终于到了建造的最后一个阶段了，这是最关键的时刻。其实装饰真实的蛋糕是特别复杂的。在这个作品中，使用了下界水晶台阶和下界水晶半方块等来体现建筑物的复杂形状。玩家也可以不按照本书步骤，建造成自己喜欢的形状。

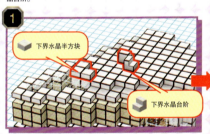

1 下界水晶半方块

下界水晶台阶

在玻璃的边缘放置下界水晶半方块，并且如图放置下界水晶台阶。

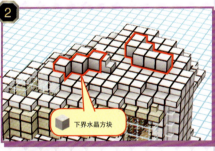

2 下界水晶方块

如图放置下界水晶方块。

3 下界水晶台阶

如图，颠倒放置下界水晶台阶。因为比较复杂，所以不按图放置也会让它看上去像真实的蛋糕哟！

POINT!

这个步骤中的台阶需要颠倒放置

"步骤3"中的下界水晶台阶全是颠倒放置的。看上去形状更复杂了，但是这一部分更像奶油了哟！

111

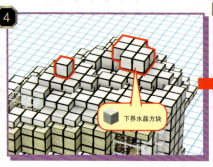

为了继续向上堆放方块，先在图中标示的地方放置下界水晶方块。

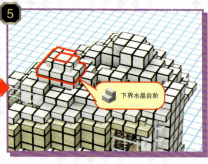

下界水晶台阶

为了将左侧的下界水晶方块包围起来，如图放置一圈下界水晶台阶。

下界水晶半方块

使用下界水晶半方块让这个作品看上去更酷炫。建到这个部分，就能打造出蛋糕上充满奶油的感觉了。接下来就是放置草莓了。

红色羊毛

在稍微有空隙的地方放置 2 个红色羊毛代表草莓。

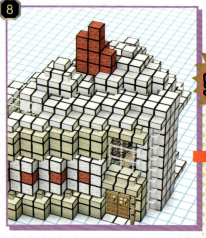

如图，在红色羊毛的前方继续添加红色羊毛。

完成！

最后，在面前这一侧放置完红色羊毛后，再在草莓的表面放置木按钮，然后，蛋糕房屋的建造就完成了！

第2章 建造有趣的房屋

112

第 3 章

建造酷炫的房屋

带有烟囱的双层别墅

虽然双层别墅基本上是将方块堆积成四边形，但重点在于二楼比一楼宽阔。将一楼建造得小而简单，将二楼建造成有外飘窗和熔炉的舒适惬意的空间吧。不要忘记在房顶上建造烟囱哟。

需要使用的方块

■石砖台阶 ■石砖半方块 ■石砖 ■石头半方块 ■金合欢原木 ■黏土 ■松木木板 ■橡木木板 ■橡木台阶 ■橡木栅栏
■橡木门 ■木活板门 ■玻璃 ■自动唱片机 ■砖 ■砖台阶

第3章 建造酷炫的房屋

底座的形状

在没有烟囱的一侧建造可以装饰外飘窗的小三角形屋顶。建造完大屋顶之后，将小屋顶建成粘贴在大屋顶上的感觉即可。

从对面一侧看到的形状

建造一个 11×8 个方块的长方形底座。建造底座的时候就要决定玄关的位置。玄关处要安放两扇门，所以要留出 2 个方块的空间。

114

STEP 1 在底座上堆积方块来建造一楼

底座建好后，开始建造一楼的墙壁吧。在墙壁上放置书架，将其建成像图书馆一样的书库。这样，一楼的建造就基本完成了。建造好到二楼的楼板，就可以建造二楼的地板了。重点在于二楼要比一楼向外扩大一点。

1

橡木木板

石砖

叠放2个石头半方块

在11×8个方块的长方形上交替摆放不同颜色的石头来建造底座部分。在地板部分埋放木板。玄关处要空出2个方块的空间。

2

石砖　　橡木木板

石砖

黏土

金合欢原木

在底座上重复堆放方块来建造一楼的墙壁。墙壁和底座一样，也要交替使用不同颜色的方块，这样看起来更华丽。玄关和对面一侧可以之后建造。

POINT! 重点

放置书架让它看上去像图书馆

在一楼墙壁上安放书架和箱子。摆放书架可以让房屋看上去像图书馆哟。用羊毛做沙发，玩家可以自由地装饰。

3

橡木木板

橡木台阶

建造楼梯。最上层是木板方块，在它下面放置台阶方块。台阶下面要是有其他的方块，放置起来就比较容易。

4

橡木台阶

橡木木板

楼梯建好以后，开始摆放木板方块来做二楼的地板。二楼地板要比一楼的墙壁向外凸出1个方块来。在楼梯处空出一个宽为2个方块、长为3个方块的空间。

5

石砖

橡木门

二楼地板的顶角部分要空出1个方块的位置。这是让房屋看上去更宽敞的诀窍。一楼的部分基本完成了。在此基础上开始建造二楼吧。

建造交通工具模型

建造有趣的房屋

建造酷炫的房屋

建造标志性房屋

成为优秀的工匠——旧建筑翻新改造

115

STEP 2

将二楼墙壁建造得紧凑，能使屋顶的建造更容易

站在玄关前仰视所看到的墙壁是决定整个房屋气氛的重点。在正中间安装一扇大窗户，将左右两边故意打造得凹凸不平。单凭这点就能够打造出庄重华丽的感觉！

1

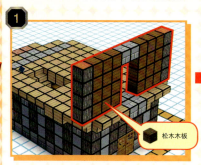

松木木板

如图，从二楼地板外侧向里移动 1 个方块的地方开始建造墙壁。不要忘记空出安放窗户的空间。墙壁中间和两端的颜色最好是不一样的。

POINT!

窗户的位置十分重要

如图，在旁边的墙壁上空出放置窗户的空间。因为面前这一侧的左半部分要安装烟囱，所以就不安窗户了。在右半部分建造窗户吧。然后在对面一侧的中间部分安装窗户。在中间窗户上方搭建小三角形屋顶，会使房屋的构造看上去更均衡。

2

在墙壁的外侧用金合欢原木将窗户包围起来，并且将其摆放出凹凸不平的感觉。仅仅这样就能够建成庄重华丽的房屋哟！

3

在有窗户的墙壁上建造一面 4×4 个方块的墙壁，然后在这上面继续堆放一面 2×2 个方块的墙壁。这是打造三角形屋顶的重要步骤哟。

4

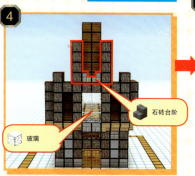

石砖台阶

玻璃

继续添加一些方块，制造出凹凸不平的感觉，完成玄关部分的建造。从正面看是这个样子的。玄关和对面一侧墙壁的建造方法是一样的。

5

首先建造

横向扩展

建造屋顶。首先用石砖和石砖台阶建造红色外围部分，然后横向扩展放置方块。最里侧使用的是石砖和石砖台阶。

第3章 建造酷炫的房屋

116

STEP 3 安装烟囱和小屋顶，完成建造

建到这里再加把劲！建好烟囱、小三角屋顶、玄关上的屋顶，双层别墅就建好了！在一楼的周围放置一些植物和方块，装饰一下这栋别墅吧。

1 石砖半方块 · 橡木栅栏

用石砖台阶装饰屋顶的边缘。装饰用的方块颜色如果和之后安装的烟囱的颜色一样，看上去会更协调。在玄关上方的窗户上也用小屋顶和栅栏装饰一下吧。

POINT! 重点

用一些绿植来装饰

在玄关旁边的空间摆放一些植物来装饰别墅吧。植物的下方是自动唱片机，看上去就像比较时尚的花盆。在这上面放一些橡树的叶子或者松树的叶子吧。不费吹灰之力就可以完成简单的装饰。

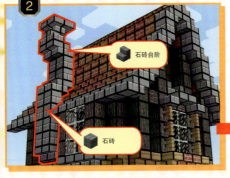

2 石砖台阶 · 石砖

挑战烟囱的建造。重点是让它看上去是紧紧连接着墙壁的。交错放置台阶方块就可以建成弯曲状的烟囱哟。

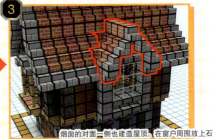

3

烟囱的对面一侧也建造屋顶。在窗户周围放上石头，让窗户看上去像外飘窗。之后，在窗户上面建造小三角屋顶，把它建成是从大屋顶上凸出来的感觉。

4

最后建造玄关的对面一侧。和正面一样，这一侧的窗户也建出飘窗的感觉，也用小屋顶和栅栏进行装饰。然后在窗户上安装玻璃。在玄关处放置两个橡木门之后，双层别墅就建好了。从玄关进入，然后登上楼梯到宽敞的二楼放松心情吧！

完成！

127

红白相间的可爱洋楼

这部作品的墙壁是比较庄重的红色，柱子是白桦木，像是森林中家庭旅店风格的洋楼。请一边欣赏蔓延到玄关的盆栽绿植，一边慢慢地登上楼梯吧。

第3章 建造酷炫的房屋

需要使用的方块

■白桦原木　■石头半方块　■石砖台阶　■自动唱片机　■橡木木板　■橡木台阶　■橡木栅栏　■橡木门　■橡树叶子　■玻璃板

■玻璃　■粉色黏土　■天蓝色黏土　■石砖台阶　■下界水晶台阶　■下界水晶方块

底座的形状

在底座部分空出建造玄关台阶的一角，重点是要在内侧和外侧交错放置两层方块。

从另一侧看到的形状

在红色墙壁和白桦柱子之间安装窗户。让窗户稍微向外凸出一点，看上去会更像洋楼哟。

STEP 1 将底座建得高一点，建造延伸到玄关处的台阶

将房屋的基础部分——底座建得高一点，然后放置延伸到玄关处的宽敞的台阶。底座是内外双重构造。将比较醒目的白色白桦原木像柱子一样摆放在外侧吧。

天蓝色黏土

白桦原木

在内侧和外侧分别放置方块，建造双层底座。内侧使用颜色比较深的方块，外侧使用比较醒目的白桦原木。

底座的内外两侧都是 2 个方块高。上面还要建一层地板，所以算上地板这一层，台阶要建成 3 个方块高。

下界水晶方块

橡木木板

以内侧的底座为基准放置地板。在白桦原木底座的上方，用更加突出白色特征的下界水晶方块将地板包围。

下界水晶台阶

将地板建成"〈"形之后，在底座周围向外扩展一层方块的位置放置下界水晶方块和下界水晶台阶。

建造楼梯。首先堆积楼梯的底座部分。建造楼梯的时候，如果先建造底座，工序会变得比较简单。记住这个窍门吧！

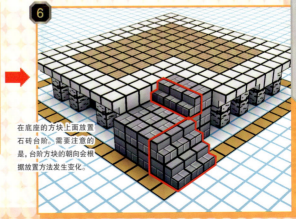

在底座的方块上面放置石砖台阶。需要注意的是，台阶方块的朝向会根据放置方法发生变化。

用红色墙壁和白色柱子建造可爱的洋楼

墙壁是房屋的重要部分，不同颜色的墙壁会使房屋呈现出完全不同的效果。如果选择用彩色黏土建造红色墙壁、白桦原木建造白柱子，就会打造出一栋时尚的洋楼哟。

1

红色黏土

下界水晶台阶

白桦原木

石头半方块

在玄关的周围建造墙壁。在墙壁拐角处放置白桦原木，墙壁使用彩色黏土建造。这个设计的重点是在墙壁的各处镶嵌石头半方块。

2

玄关右侧的墙壁是这种感觉的。注意空出放置窗户的位置。在大窗户上方稍加装饰，颠倒放置台阶方块。

透视图

4 **3**

5 **1**

这是墙壁位置和步骤序号的关系。

3

橡木木板

这是玄关对面一侧的墙壁。留做窗户的小洞可以之后调整。为了让窗户的位置变得比较明显，要在窗户左右两侧放置白桦原木。

4

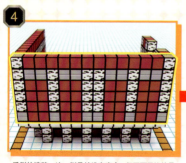

后侧的墙壁。这一侧虽然没有窗户，但不可思议的是，按照一定顺序摆放的红色黏土和白桦原木让它看起来和窗户一样。

5

在玄关左侧建造三个小窗户。因为之后会在窗户上安装房檐（小屋顶），所以即使窗户很小，看上去也十分气派。

STEP 3 配合三角形屋顶建造墙壁

在建造三角形屋顶之前，将墙壁建成三角形的。有了这个准备步骤，屋顶的建造就会变得简单。建造技巧是，每一段方块的高度都要改变。

1 在这里建造房梁吧。房梁是从屋内望向顶棚时看到的柱子。这样一来，顶层看上去就像阁楼一样，十分酷炫。

2 将玄关左侧的墙壁建成三角形的。从边上的白桦原木开始向里堆积方块，每一段方块的高度都需要改变。最中间部分用来建造窗户。

3 将玄关右侧的墙壁建成三角形的。堆积这一侧的方块时，每段方块的高度也要发生变化。最后一层的方块可以在建造屋顶的时候放置。

从侧面看到的形状

外侧➡

STEP 4 连接三角形，建造复杂的屋顶

建造三角形的屋顶看起来比较麻烦，但是知道它的构造之后就比较简单了。从边上开始建造吧。每一段使用的方块数量不同，放置方块的时候一定要仔细数一下方块的数量。

1 对面一侧也建造

首先，在三角形的墙壁上逐层放置1个台阶方块，这是建造屋顶的关键。最上层空着也没关系。

2 添加7个方块 添加4个方块

横着摆放台阶方块。最下层从两端开始数，一共是5个方块，然后依次向上摆放6个、7个方块，最上层是8个方块。每一层最左边的方块都是在上一步骤中摆放的。

3

石砖半方块

石砖台阶

对面一侧也建造

4

右侧三角形屋顶的台阶方块的摆放方式与上一步相同，和左侧三角形屋顶是紧紧连接在一起的。

完美地倾斜着的屋顶就这样建好了。最上面的三角形顶部用半方块填平。

POINT!

台阶方块的形状发生变化

将台阶方块放到角上的时候，它的形状会发生变化，会延伸出一个漂亮的尖角哟。不过一定要注意，如果弄错放置方法，它的形状就会变得比较奇怪！如果失败了，就改变一下方块的朝向再放置一次看看吧。

5

从另一侧看到的屋顶的形状。这边的建造技巧也是一样的，从最下面一层开始横着摆放台阶方块，只沿着墙壁摆放即可。

6

石砖台阶

石砖屋顶建好以后，在屋檐下方和旁边放置石砖台阶，让它看上去就像是从墙壁里凸出来的一样。没有这步操作，就不像屋顶了哟。

7

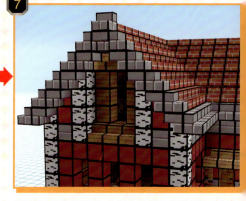

这是玄关左侧的三角形屋顶。分别向上和向下放置台阶方块。台阶是朝向上方还是朝向下方，是根据放置台阶方块时找准的位置而变化的。在三角形屋顶的最上方放置1个石砖台阶，看上去是尖尖的形状。这样，屋顶就建好了。

STEP 4 最后安上窗户

虽然只在窗户上安上玻璃即可，但是这样安装窗子看上去会比较单调。安上玻璃之后再放一些方块，然后在窗户上方建一个房檐（小屋顶），把窗户做成外飘窗。

橡木台阶

在窗户的上下都放置台阶方块，再在台阶方块中间安上玻璃方块。窗户虽然很小，但很漂亮。

下界水晶台阶

橡木栅栏

在这一侧的窗户的上下放置台阶方块，并搭建柱子。竖着连接栅栏可以建成柱子。太棒了！漂亮的飘窗做好了。

橡木台阶

橡木栅栏

在玄关处安装橡木门。在这个地方也建一个台阶方块小屋檐和栅栏柱子。

玻璃

在窗户上镶嵌玻璃。在安装在窗户上下两端的台阶方块的中间放置玻璃。

橡树叶子

自动唱片机

窗户全部补好以后，红白相间的洋楼就建好了。在玄关处的宽阔的楼梯上放置一些绿植来装饰一下吧，这样会突出台阶的存在，简直太棒了。

完成！

123

建造酷炫的房屋
建造轻巧性房屋
成为优秀的工匠——旧建筑翻新改造

带有玄关大厅的洋楼

进入这栋洋楼玄关，首先映入眼帘的是像宽阔的大厅一样的空间，里面有一扇大窗户。来建造一栋比较开放并且宽敞明亮的洋楼吧。因为难度非常高，所以一定要用心建造！

使用的方块

■金合欢原木　■金合欢木板　■金合欢木台阶　■金合欢木板半方块　■白色玻璃　■白色玻璃板　■橡木栅栏　■橡木台阶　■橡木门　■石头半方块　■石砖台阶　■石砖　■砂岩

第3章　建造酷炫的房屋

底座的形状

下侧是玄关大厅。建造底座的时候，需要使用多种方块。

从另一侧看到的形状

正面玄关处是向外凸出的，从上往下看，是一个凸形的房屋。先建造里侧的房间和屋顶，之后再建造玄关大厅。

124

STEP 1 建造底座 立上柱子

这栋洋楼的底座是"T"形的。虽然看上去比较简单，但是各处都是凹凸不平的，仔细看着图片建造吧。金合欢原木的放置和台阶的朝向也是需要仔细观察的。

2

- 金合欢原木
- 石头半方块 ×2
- 石砖台阶
- 金合欢木台阶
- 砂岩

POINT!

注意金合欢原木的使用方法

金合欢原木如果是从上往下放置的，可以看见树桩的部分。如果横着放置，可以横向看到树桩部分。建造底座的时候要注意它的放置方法。

1

- 12 个方块
- 13 个方块

这是从上方看到的底座的形状。下面这个凸出的部分是玄关。注意，金合欢原木的颜色会根据放置方式发生变化。

底座部分也使用了金合欢原木和金合欢木台阶。用台阶方块来打造底座的凹凸不平处。

3

5 个方块

底座建好以后，在房屋的底角、窗户的位置立上柱子。柱子都是在地基上面立起的，并且每根柱子都是由 5 个金合欢原木堆放而成。

4

- 石头半方块
- 金合欢木台阶

填补柱子和柱子之间的空白部分。红色的是金合欢木台阶，看上去发白的地方，是叠加的 2 个石头半方块。

5

对面一侧也建造

- 石砖台阶

对面一侧的柱子与柱子之间的空隙同样需要填补。用石砖台阶来装饰窗户的上下部分。

STEP 2

用金合欢建造漂亮的墙壁并向上延伸

先建造能从正面看到的墙壁，再建造与正面相对的墙壁。组合使用普通方块和台阶方块，将墙壁精心设计成看上去稍微有点凹陷进去的感觉，这是建造重点。

1

金合欢木台阶

金合欢木板

建造正面左右两侧的窗户。用金合欢木板填补柱子旁边的空白部分。安装窗户的地方要空出2个方块的空间。

POINT!

用台阶方块打造出凹凸不平的感觉

在窗户上下的墙壁的顶端放置金合欢木台阶，建造出凹陷的感觉。如果有很多凹凸不平的地方，会让它看上去是经过精心设计的哟。

2

石头半方块

对面一侧也建造

接下来是与正面相对一侧的大窗户的建造。中间空出的部分会成为大窗户。在窗户上下两侧放置台阶方块和石砖。

3

金合欢木台阶

金合欢木板

沿着柱子放置金合欢木板和金合欢木台阶。

4

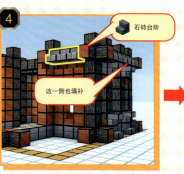

石砖台阶

这一侧也填补

在柱子中间的空白处填补石砖台阶。一定要注意，台阶方块的形状会根据放置方式而发生变化。

5

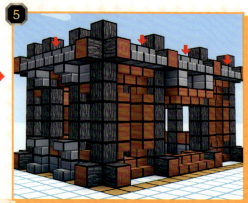

正面和背面一样，也在柱子中间填补石砖台阶。不要弄错所使用的方块哟。

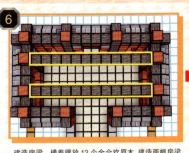

6

建造房梁。横着摆放 12 个金合欢原木，建造两根房梁。

7

橡木栅栏

用橡木栅栏连接柱子的凸出部分。这样墙壁上会留有空隙，阳光从这里透过，房屋会变得明亮。

STEP 3

建造高耸的三角形屋顶并安装窗户

接下来就是屋顶的建造。从下面开始堆积方块，将屋顶建成高耸的样子。将三角形屋顶建得高些，下面可以安装窗户，这样就更像洋楼了哟。

1

金合欢木板半方块

首先，在栅栏上面放置方块，然后在这上面错开 1 个方块的地方继续放置方块。将从侧面可以看到的柱子也建得高一点。

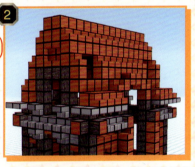

2

继续一层一层地堆积方块。在金合欢木板的上面放置金合欢台阶，让屋顶倾斜处的锯齿形状看上去没有那么明显。

POINT!

用半方块建造凸起处

在屋顶最下侧的凸起部分放置金合欢木台阶，在台阶方块的下方放置石头半方块。使用半方块可以不遮挡里面的栅栏，这样可以保留让阳光照到屋内的空隙。

3

石头半方块

在屋顶的最下端放置石头半方块，这个地方会成为屋顶的凸出部分。使用半方块是重点。

石砖台阶

为了将金合欢木板的屋顶包围起来，在边缘部分放置石头方块。关键是要组合使用石砖和石砖台阶。

从侧面看是这样的。仔细看可以发现，这里组合使用了普通的石砖和石砖台阶。

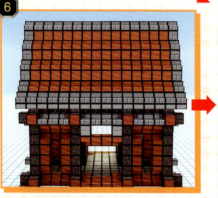

从背面看到的屋顶完成图。这一侧也使用了石砖台阶。将屋顶的边缘部分建造得漂亮一点吧。

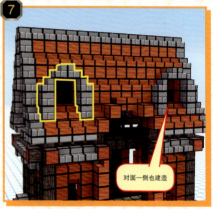

对面一侧也建造

用石砖将正面的飘窗包围起来。如图，为了让它的上面看上去像个三角形，对着摆放石砖台阶。

STEP 4 建造带有屋顶的玄关

建造进入玄关之后所见的大厅。将大厅的顶棚建得高一点，然后建造能够让大量的阳光照射进来的大窗户。最后，安上小三角形的屋顶，建造即可完成。

在玄关的底座上建造墙壁。开始堆积方块，将正面安装门和侧面安装窗户的地方空出来。

2

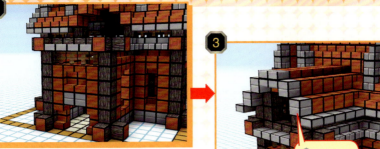

建造正面玄关周围的部分。在玄关的左右两侧以及上方放置台阶方块，营造出凹陷的感觉。在玄关上面放置栅栏，让墙壁上留出空隙。

3

石头半方块

在玄关上方建造屋顶。摆放方块，使玄关上方的屋顶与里面房间的屋顶相连接。从正面可以看到的石头是由半方块组成的。

4

白色玻璃

白色玻璃板

在窗户上安装玻璃。使用白色玻璃板和白色玻璃。玻璃板的颜色没有玻璃方块那么明亮，所以和建筑物比较协调。

5

橡木栅栏

用栅栏做装饰。在建筑物的边角处以及窗户的左右两侧装饰细长的柱子吧。竖着堆积橡木栅栏可以做成柱子。

6

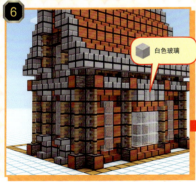

白色玻璃

完成！

这是从背面看到的样子。在背面的窗户上也安装玻璃板，用栅栏柱子进行装饰。

最后，在玄关处安装门。两个橡木门安装后，建造就完成了。不要忘记在玄关上方放置石砖半方块打造凸出的部分。

现代别墅

这是经常能在高级住宅区看到的独门独户的钢筋混凝土房屋，平缓的倾斜面上有条纹屋顶。来挑战建造有大窗户、看着就想进去住住的现代住宅吧。它给人的感觉比较复杂，是十分值得建造的哟！

需要使用的方块

■石头半方块　■石砖台阶　■青色黏土　■玻璃板　■黑色玻璃板　■橡树叶子　■活塞
■橡木门　■梯子

从侧面看到的形状

从侧面看这栋房屋是"L"形的。因为各个方块之间都有窗户，所以白天也十分明亮。

从后面看到的形状

从后面看是这个样子的。大窗户让这栋房屋的通透度更好。

STEP 1 建造底座

现代化别墅也是从底座开始建造的。虽然形状比较复杂，建造起来比较困难，但是如果先建造一个大"L"形的底座，然后在这上面逐渐扩建，建造起来就没有那么复杂了。建造的时候注意使用半方块哟。

1

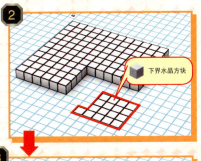

11 个方块

12 个方块

下界水晶方块

首先使用下界水晶方块建造出宽为 11 个方块、长为 12 个方块的长方形，然后在一个角上削掉 4×6 个方块的长方形，底座就会变成"L"形了。

在离"L"形底座的凹陷处分别为 3 个方块和 2 个方块的地方，如图填埋下界水晶方块。

2

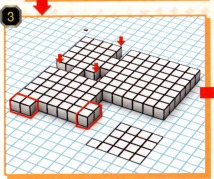

下界水晶方块

3

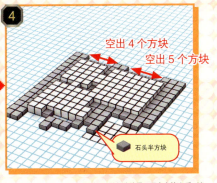

如图，在"L"形的底边分别放置 2 个方块，这样有利于柱子的放置。

4

空出 4 个方块

空出 5 个方块

石头半方块

如图填补石头半方块。在后面一侧向外放置一层半方块之后，继续在这一层方块的上方中间部分和两角部分放置方块。

5

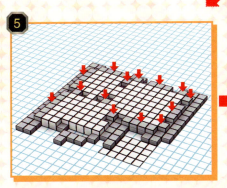

为了建造柱子的底座，在下界水晶方块的周围，即图中的标记处，继续堆积石头半方块。2 个半方块堆积在一起和 1 个普通方块的大小一样。

6

橡木门

在玄关处放置橡木门。建造到这一步时，确认一下整体构造有没有出现错误。

7

石砖台阶

在后侧放置石头半方块的凹陷部分放置石砖台阶。

重点
POINT!

如图放置台阶方块

在后侧放置台阶方块的时候要注意角的部分。放置完台阶方块之后，再在它上面铺设玻璃。看上去就和金属窗框一样哟。

STEP 2 组装柱子，建造形状复杂的墙壁

底座完成之后，开始建造柱子。这栋房屋被较多的柱子和结实的墙壁包围。因为有很多窗户，建造起来比较困难，所以一定要一边看设计图，一边认真建造。

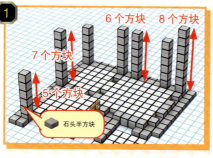

1

6 个方块　　8 个方块

7 个方块

5 个方块

石头半方块

在外侧边缘的凸出部分堆积石头半方块。2 个半方块的高度和 1 个普通方块的高度一样哟。

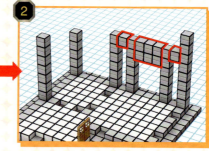

2

如图，用石头半方块将从左侧数的第二根柱子和第五根柱子连接起来。

3

青色黏土

然后在里侧墙壁用青色黏土建造可以镶嵌玻璃的窗框。

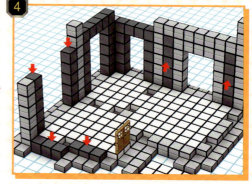

4

在后侧被石头半方块包围起来的左右两侧的间隙处填满青色黏土。

132

5

黑色玻璃板

玻璃板

在侧面和后面墙壁的空白部分放置玻璃板。

6

石砖台阶

在窗户上下的空隙处填充石砖台阶。这个时候要注意台阶的方向。参考一下下面的 POINT 部分吧。

POINT!

在窗户上下的空隙处放置石砖台阶

在窗户上下的空白处放置石砖台阶，就会呈现下图的样子。比起普通的放置方法，更推荐使用立体的放置方法，不过玻璃方块是无法做成立体的。来体验一下玻璃板的复杂形状吧，可以随意改变它的形状哟。

POINT!

打造立体装饰

如果直接放置玻璃板，建筑物的墙壁就是简单的平面了。而按照图中所示，像是从墙壁凸出来似的放置，可以让建筑物看上去是立体的，而且比较精致。

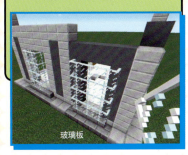

玻璃板

7

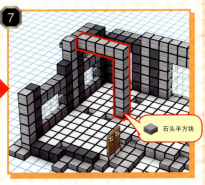

石头半方块

开始放置作为房间隔断的柱子。为了和建筑物的凹陷处相吻合，也使用石头半方块建造柱子。

8

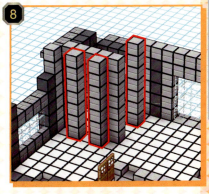

从刚才放置的柱子旁边开始，继续堆积石头半方块。注意，要和之前下界水晶方块的凹陷处相吻合哟!

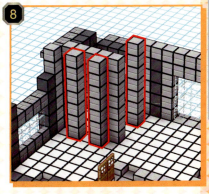

133

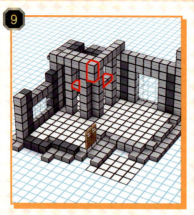

9

将活塞朝下方放置

放置活塞的时候，有木框的这一侧会自动地朝向玩家。如果玩家想要它像图片中一样，木框朝向下方，首先要如图挖掘一处坑洼，然后玩家进入洞穴中，向上仰视放置。

在用来隔开房间的柱子的顶角处放置 4 个石头半方块。如图，柱子和柱子之间也要放置石头半方块。

10

黑色玻璃板

在左侧房间入口处的两侧放置黑色玻璃板，不要忘记在左侧的窗户上也放置。

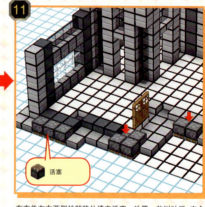

11

活塞

在玄关左右两侧的凹陷处填充活塞，放置一些树叶后，它会成为花盆哟。

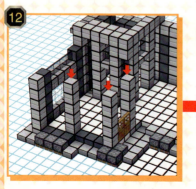

12

如图，在面前这一侧用石头半方块建造柱子。

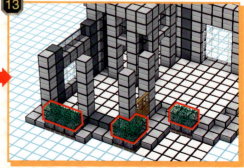

13

在"步骤 11"中放置的活塞上放置橡树叶子，将它做成植物盆栽。

14

→内侧

在柱子的角上放置黑色玻璃板。从这个角度看不太清楚，参考一下右侧的 POINT 部分吧！

15

6 个方块
←8 个方块
5 个方块→

在右侧地板的凹陷处放置三根柱子。从左往右依次放置 5 个方块、6 个方块、8 个方块高的石头半方块。2 个石头半方块才是 1 个方块的高度。

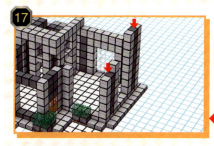

17

右侧柱子之间的空隙处也同样放置青色黏土。

POINT!
重点

上方的台阶是颠倒放置的

窗框上边的台阶是颠倒放置的。这边放置完成之后，再在下方一侧放置。注意，下方的台阶是正向放置的哟！

POINT!
重点

在两根柱子之间放置黑色玻璃板

左图中，放置玻璃板的地方不易被发现。参考下图，在柱子的这个位置放置黑色玻璃板吧。这可是能够让人印象深刻的室内装饰，是非常重要的一部分，不要忘记放置哟。这样一来，房屋看上去会更现代化，并且十分酷炫。

黑色玻璃板

16

■ 青色黏土

在柱子与柱子中间以及玄关上方横着放置青色黏土。虽然是青色方块，但看上去是灰色的。

18

■ 黑色玻璃板
玻璃板

用石砖台阶将右侧的柱子连接起来，在左侧的边框处放置黑色玻璃板和玻璃板来建造窗户。

19

石头半方块

在玄关处的橡木门上方放置石头半方块建造一个小屋檐。在门的下方也铺设石头半方块。

20

这样一来，一楼部分就暂时建好了，接下来进行屋顶的建造。在这之前先摆放一些家具吧。

1

活塞

在图中标示的位置放置活塞。活塞本来是在陷阱装置中使用的，也可以用作观赏植物的花盆。参考 POINT 部分吧。

POINT!

逆向放置活塞

和 "STEP 1" 一样，需要逆向放置活塞。从下往上，仰视放置即可。

POINT!

摆放家具时可参照的例子

里面的小屋作为附魔房间使用。在更里面的房间放置熔炉和铁砧以及箱子等物品，这些物品都是在生存模式下十分实用的。

STEP 3 建造屋顶

接下来建造玄关处的屋顶。一边用植物盆栽来装饰，一边使用台阶方块和青色黏土平着向上建造。

2

橡树叶子

在活塞上面放置橡树叶子，植物盆栽就做好了，看上去像悬浮在空中一样，稍后会在下面铺设方块。

③ 如图铺设一层青色黏土。上半部分是空着的，在接下来的步骤中会将它填补起来，先不用管它。

青色黏土

石头半方块

在窗户上面建造小窗檐。分别横着摆放 4 个石头半方块即可。

⑤ 继续沿着房屋的外侧摆放一层石头半方块来做小屋檐。

STEP 4 建造通风处的墙壁

里面的小房间是高顶棚的通风处，此处也安装了窗户。建筑物的采光特别好，室内比较明亮。

① 5 个方块　　4 个方块　　1 个方块　　2 个方块

用青色黏土建造通风处的窗框。注意，左侧的这个窗框的上层有两层方块。

石头半方块

② 在另一边窗框的空隙处以及右侧窗框的下方放置石头半方块。

青色黏土

石头半方块

在通风处所在房间的旁边建造支撑屋顶的底座部分。在右侧窗框处放置1个青色黏土，然后在一楼窗框的上方建造两个2×2个方块的正方形。

在右侧建造一面楼梯状的墙壁，如图放置石头半方块。屋顶也是这个形状的哟。

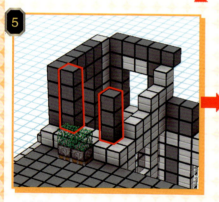

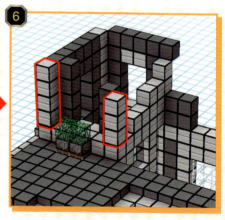

建造前面一侧的墙壁。在左侧竖着放置4个方块，在右侧竖着放置3个方块。

在前面步骤中建造的窗框的斜前方堆放石头半方块。左侧是4个方块高，所以需要放置8个石头半方块。右侧是3个方块高，所以需要放置6个石头半方块。

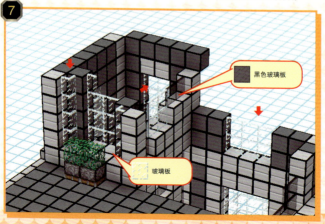

黑色玻璃板

玻璃板

如图放置玻璃板和黑色玻璃板。这边的形状比较复杂，放置的时候要仔细观察图片。

STEP 5 最后一步 完成屋顶的建造

到目前为止，现代别墅的建造终于到最后关头了。来挑战建造作为建筑物特点之一的屋顶吧。因为是现代别墅，所以使用半方块来打造屋顶平滑的倾斜面。

1

青色黏土

首先在通风处的面前这一侧放置 8×3 个方块的青色黏土。面前这一侧前面和里侧都要向外凸出一层方块。

2

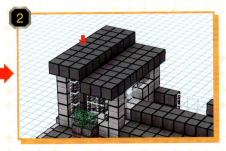

在里侧也同样放置 9×3 个方块的青色黏土。虽然这两侧之间有 1 个方块的落差，不过之后会放置石头半方块，看起来会十分酷炫。

3

右侧的屋顶是这个样子的。横着放置 9 个青色黏土。

4

石头半方块

在屋顶的落差处和玄关上方的屋顶处放置石头半方块。

POINT!

在屋顶的后方放置石头半方块

放置完屋顶上方的石头半方块之后，终于到最后一步了。将石头半方块放置到屋顶的内侧，放置的时候，使它与屋顶处的彩色黏土半方块的下半部分吻合。太赞了！

完成！

带露台的咖啡馆

尝试建造带露台的咖啡馆风格的房屋。露台上有遮阳伞，夹杂在各处的绿色草块是十分显眼的。这个作品组合使用了原木和木板方块，一边仔细观察图片，一边建造吧。

使用的方块

砂岩　橡木木板　橡木台阶　橡木木板半方块　白桦原木　松木木板　松木台阶　黑橡木木板　黑橡木台阶　白桦木板　白桦木台阶　白桦木木板半方块　自动唱片机　石头半方块　玻璃　玻璃板　白色玻璃　白色玻璃板　下界水晶方块　下界水晶台阶　下界水晶半方块　圆石墙壁　红色地毯　橡木栅栏　橡树叶子　蜘蛛丝

第3章　建造酷炫的房屋

底座的形状

底座部分的建造组合使用了三种木板和一种原木，光从底座就可以看出板材的多样性，且设计得十分用心。

从侧面看到的形状

露台这边没有墙壁，是露天的。这个作品和真实的咖啡馆一样，全层都比较通透。

140

STEP 1 建造底座

看效果图会觉得这栋房屋建造起来比较困难，但是如果从一开始就按照书中的建造顺序建造，可以很顺利地完成哟。首先，一边仔细观察图片，一边建造底座吧。

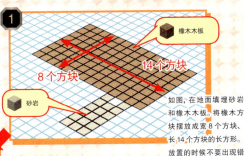

1

橡木木板

14个方块

8个方块

砂岩

如图，在地面填埋砂岩和橡木木板。将橡木方块摆成宽 8 个方块、长 14 个方块的长方形。放置的时候不要出现错误哟。

2

白桦原木

自动唱片机

8个方块

石头半方块

松木木板

堆积 8 个白桦原木。另外，如图放置松木木板、自动唱片机和石头半方块。

POINT!

原木的朝向

原木和木板不一样，可以看到树皮的一面和断层面。如果将断层面朝向侧面放置，白桦的花纹也会从横向变成纵向，从而变得十分明显。

3

如图，继续堆积白桦原木建造柱子。有两个地方需要注意原木的朝向。

4

松木台阶

如图放置松木木板和松木台阶，将白桦柱子的底部包围起来。不要忘记在地板的前端两角处也要放置哟。

5

松木台阶

将柱子包围起来。在横着的原木断层面这一层颠倒放置松木台阶。

6

松木木板

白色玻璃板

在窗框的内侧放置白色玻璃板，并用松木木板填补窗框的空隙。

建造交通工具模型

建造有趣的房屋

建造酷炫的房屋

建造标志性房屋

成为优秀的工匠——旧建筑翻新改造

141

STEP 2 骨架部分的建造决定房屋是否酷炫

底座和内部装饰完成之后，接下来就是骨架部分了。不要上来就建造墙壁，先搭好柱子，然后用其他木板将柱子之间的空隙填补起来，这样建造的房屋看上去比较讲究。

1

完成内部装饰之后，如图建造白桦柱子。6 个方块高的柱子是四根，8 个方块高的柱子是两根。

2

接下来在正面建造三根 7 个方块高的柱子和一根 5 个方块高的柱子。

POINT! 重点

好好确认一下台阶的放置

在建筑物的两侧用下界水晶台阶建造房屋的台阶部分。设计图中的台阶比较小，不太容易看到，所以好好参考一下这张图片吧。另一侧的建造方法相同。这部分不是入口，而是窗子哟。

3

对面一侧也建造

玻璃板

下界水晶台阶

在建筑物两侧的台阶上继续如图放置台阶。另外，在正面的白桦柱子之间放置门。

4

白色玻璃板

橡木门

在图中白桦柱子之间的 1 个方块的空隙处镶嵌白色玻璃板。注意，大部分都是空着的哟！

5

玻璃

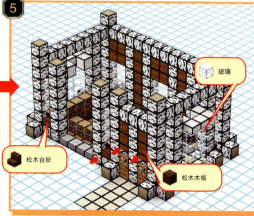

松木台阶

松木木板

在玻璃板的下方和门的上方放置松木台阶，然后在松木台阶的上方放置松木木板，在窗户上镶嵌玻璃。

第3章 建造酷炫的房屋

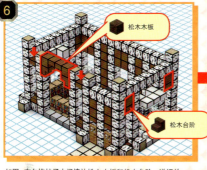

⑥ 松木木板

松木台阶

如图，在白桦柱子中间填补松木木板和松木台阶。详细放置方法请参考 POINT 部分。

⑦

为了使刚才添加的木板呈现凸出的感觉，继续向外侧放置一层木板和台阶。虽然图中看不见，但背侧也需要放置。

注意台阶的朝向

如果填补柱子之间的空隙时需要使用台阶，一定要注意台阶的朝向。设计图中难以看清，台阶是被放置在下图中所示的位置的哟。从图中能够很明显地看到露台入口处的台阶的朝向和这个地方的不同。

⑧

如图放置 17 个断层面朝向外侧的白桦原木，每一个都是紧贴着柱子的。

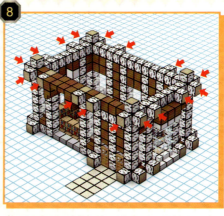

STEP 3 建造屋顶的骨架

建筑物的骨架建好之后，接下来就要建造屋顶的骨架部分。大三角形的屋顶虽然有点复杂，但是建完以后十分漂亮时尚。屋顶是决定整栋建筑物风格的部分，所以参照设计图认真建造吧。屋顶的骨架部分是左右对称的哟！

① 下界水晶台阶 松木木板

在建筑物正面和背面分别置下界水晶台阶。能够明显地看出，里面一侧的方块是放在两边凸出的柱子的上面的。另外，在两侧放置木板。

②

在建筑物的正面和背面摆放白桦原木，在两侧分别搭建高为 3 个方块的柱子。

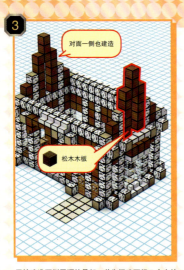

③ 对面一侧也建造

松木木板

开始建造两侧屋顶的骨架。首先搭建两根 5 个方块高的柱子，然后在这两根柱子中间如图放置向上凸起的 3 个方块。

④ 在 4 个地方建造

下界水晶台阶

在屋顶顶端如图放置下界水晶台阶。可以跟图中一样，充分利用蓝色辅助方块。

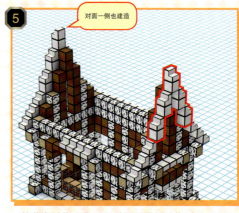

⑤ 对面一侧也建造

破坏掉辅助方块。如图，逐层组合使用下界水晶方块和台阶，将它们摆放成三角形。另一侧的工序是一样的。

STEP 4 建造屋顶

屋顶的骨架部分建好之后，用黑橡木木板将屋顶覆盖起来。这样，建筑物的基本形状就建好了。设计图中的房屋是用黑橡木木板将屋顶覆盖起来的，看上去很高雅。如果使用金合欢木板，屋顶就会是红色的，房屋会变得十分可爱。

① 对面一侧也建造

下界水晶台阶

玻璃

在图中位置镶嵌玻璃，然后在其上方用下界水晶台阶做窗框。对面一侧的建造方法与此相同。

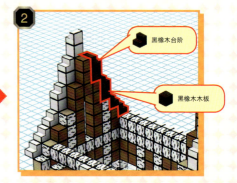

② 黑橡木台阶

黑橡木木板

在屋顶三角形的一侧添加黑橡木木板和台阶。黑橡木的颜色会成为屋顶的主体颜色。

3

为了连接屋顶的两侧，如图添加黑橡木木板和黑橡木台阶。

4

同样，将面前这一侧的屋顶也覆盖起来。这样一来，建筑物的大体形状就完成了。接下来装饰屋顶吧。

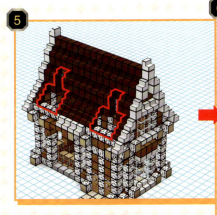

5

如图，破坏掉已经建好的屋顶的一小部分。先破坏出横着 3 个方块、竖着 2 个方块的长方形，然后在这上面竖着破坏掉 3 个方块。

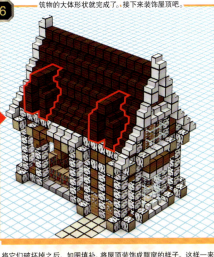

6

将它们破坏掉之后，如图填补，将屋顶装饰成飘窗的样子。这样一来，看上去会更时尚哟。

7

玻璃板

完成屋顶窗框的建造之后，在窗框的空白部分镶嵌玻璃板。

8

下界水晶台阶

最后使用下界水晶台阶将刚才建造的屋顶边缘盖起来。这样，飘窗就建好了。在玄关上方放置橡木木板半方块来建造小屋檐。

STEP 5 打造细节部分

建完骨架以及屋顶之后，建筑物的大体形状就出来了。最后来装饰一下，让建筑物看上去更时尚一些吧。充分利用使用草方块建造的植物盆栽装饰开放式露台和遮阳伞，营造出更奢华的氛围。距离最终完成还剩一小步了。

1

金合欢木板

在图中显示的位置摆放 5×5 个方块的白桦木板做露台的底座。

2

圆石墙壁

放置白桦木木板半方块，将底座围起来。在露台的出口部分放置白桦木台阶。另外，如图摆放圆石墙壁。

第3章 建造酷炫的房屋

POINT!

建造植物盆栽

在被放置在建筑物背面一侧的自动唱片机上放置橡树叶子，简单地制作出植物盆栽。可以将它放置在屋外，也可以将它放置在房屋内用作装饰物品哟。

3

橡木栅栏

白桦木台阶　　橡树叶子

用橡木栅栏建造玄关处的栅栏，在栅栏上方放置橡树叶子。这个栅栏是绿色的，而且很时尚。飘窗部分也装饰一下吧。

4

在刚才放置的圆石墙壁上竖着摆放 2 个橡木栅栏。

橡木栅栏

POINT!

继续装饰

转动到建筑物的背面，在凸出的白桦原木上摆放栅栏，继续装饰建筑物。只要像这样稍微下点功夫，就可以打造出更精致的建筑物。这是比较简单的小技巧，一定要记住哟！

5

红色地毯

在如图所示的位置放置红色地毯做遮阳伞。细节部分参考 POINT 部分吧。

6

石头半方块

如图，在地毯中间的空白部分填满石头半方块。建造终于完成了。

POINT!

让遮阳伞上的地毯呈悬浮状态

如图，要想让地毯呈悬浮状态，需要下点功夫。如果地毯下面什么都不放，地毯就会掉下来，因此要在地毯下面放置蜘蛛网。这样一来，地毯看上去就和悬浮在空中一样，而且不会很奇怪。

完成！

专栏!

建造出曲面会使建筑物的风格发生很大的变化

一开始，在玩家还不习惯建造房屋的时候，很容易建造出大量拥有直线墙壁的建筑物。有一条捷径可以让玩家快速地建造和朋友不一样的房屋，那就是充分利用曲线。对比一下下面的两张图片吧。一边是只使用了直线的普通房屋的底座，另一边建筑物的底座的一条边是曲线的。就算只有一部分使用曲线，房屋的风格也会发生比较大的变化。建造底座的时候，首先用方块画出一条曲线，之后就不会有任何烦恼了，可以轻松地建造酷炫的房屋。

 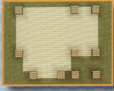

武家宅邸

我的世界的有趣之处在于玩家通过自己的努力不仅可以建造西式风格的建筑物，还可以建造日式建筑物。如果能将石围墙和白色墙壁以及屋顶的形状建成日式的，就能很好地打造出日式住房。

使用的方块

■松木原木 ■松木木板 ■松木台阶 ■橡木木板 ■橡木木板半方块 ■橡木台阶 ■橡木栅栏 ■圆石 ■圆石台阶 ■圆石半方块 ■石头半方块 ■羊毛 ■按钮 ■活板门 ■金合欢叶子 ■活塞 ■红石方块

第3章 建造酷炫的房屋

底座的形状

这栋建筑物的底座看上去很简单，但建筑物本身十分复杂。

从对面看到的形状

石头围墙和柱子、白色墙壁以及代替了窗户的栅栏等部分都说明这是一栋日式住房。

STEP 1 建造基础部分

先建造底座、柱子以及骨架等基础部分。日式房屋的特点是比西式房屋的柱子多。面前的这一侧会建造檐廊，所以要空出来哟。注意，不要用墙壁等将其封住。

1

松木原木

先放置活塞，然后在里侧摆放 5 个松木原木。在延伸出来的活塞上安放橡木板半方块。

橡木木板半方块　　活塞

2

松木原木

4 个方块

如图搭建十四根 4 个方块高的松木原木柱子。放置的时候，要注意柱子和柱子之间需要空出的方块数。

POINT!

延伸放置活塞

如果直接放置活塞，它是处于压缩状态的。要想将延伸状态下的活塞固定住，需要在活塞的下方铺设红石方块。

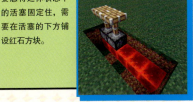

3

橡木门　　圆石台阶

放置圆石台阶，将柱子四周包围起来。这个方块的材质与石头墙的材质接近，是建造日式房屋不可或缺的方块。

4

松木台阶

橡木台阶

在面前这一侧放置橡木台阶，在里面一侧放置松木台阶。两侧都需要注意台阶的朝向。

5

7个方块

橡木木板

如图铺设宽 7 个方块、长 11 个方块的橡木木板，将图中所示部分埋起来。

6

橡木木板半方块

分别空出 4 个方块

放置橡木木板半方块。玄关的旁边要空出来。

7

8

空出 2 个方块

松木原木

在刚才空出的位置和离外面一侧 2 个方块的位置上放置松木原木。

在图中所示的位置分别搭建松木原木柱子。要注意设计图中画前面的柱子将后面遮挡起来了，其实前面这组中间都相隔 2 个方块。

重点 POINT!

从上面确认一下

只从设计图上比较难看出整体的形状，从上面确认一下建造到目前为止的房屋的形状吧。地板部分是这个样子的。如图，分别在两端空出 4 个方块的距离，并依此建造地板。

9

橡木栅栏

羊毛

用羊毛打造白色墙壁并放置橡木栅栏。羊毛比下界水晶更能表现出日式墙壁的灰浆（日本传统涂墙材料）部分。

10

2×3 个方块

松木台阶

继续如图建造白色墙壁，将墙壁作为房间和房间之间的隔断。

11

圆石台阶

为了将柱子和柱子之间的空白部分填补起来，如图放置圆石台阶。台阶的朝向注意参考 POINT 部分。

重点 POINT!

仔细观察台阶

关于台阶的朝向问题，光从设计图上是比较难发现的，参考一下这张图片吧。凸出部分是紧贴着外侧的，每个面的台阶方块都如此放置。

圆石台阶

STEP 2 建造二楼

大致的底座与柱子建完之后，接下来就建造二楼吧。

1

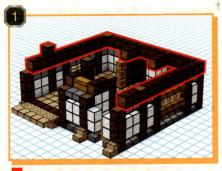

如图放置松木原木，将柱子覆盖起来。不要忘记在里侧的墙壁上放置1个方块。

内部装饰的布局

这个房屋的内部是十分宽敞的，可以如图放置箱子、工作台、酿造台等。虽然也可以放置床，但是令人遗憾的是，床与日式房屋的风格不相匹配。

2

橡木木板半方块

用橡木木板半方块建造和图中一样宽的二楼部分。

3

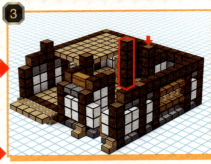

如图，竖着放置5个松木原木，搭建一根柱子。

4

橡木栅栏

橡木木板半方块

继续如图添加松木原木，并用橡木栅栏和橡木木板半方块装饰图中所示的几个地方。

5

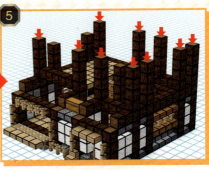

搭建4个方块高或者3个方块高的松木原木柱子，每根柱子的高度都是一样的。

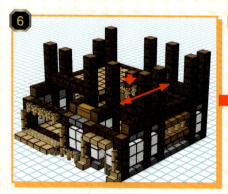

6

在面前第二排的第一根柱子旁边放置橡木栅栏，并一直放置到对面的这根柱子旁边。

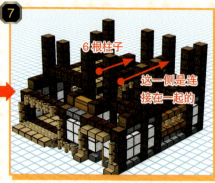

7

6根柱子

这一侧是连接在一起的

如图，横向放置松木原木。不过要注意，不要触到对面的柱子。

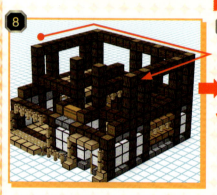

8

为了将上半部分的柱子连接起来，如图放置松木原木。

9

松木原木

松木木板

如图放置松木原木，此处是向外侧凸出1个方块的。然后在两侧用松木木板建造窗框。

10

对面一侧也建造

橡木栅栏

松木台阶

在窗户上下两部分填放松木台阶，在窗户中间狭小的空白处放置橡木栅栏。

POINT!

重点

窗户的建造方法

从正面看到的窗户是这个样子的。上下部分放置的是台阶，左右部分放置的是方块。用栅栏代替玻璃更能体现日式风格。

第3章 建造酷炫的房屋

⑪

羊毛

在柱子和柱子之间的空白处以及房梁中间放置羊毛来建造墙壁。这样一来，大体上已经非常像一栋房屋了。

⑫

松木木板

在正面这一侧填放松木木板，它是紧紧连接着两端的松木原木的。

⑬

松木台阶

如图放置松木台阶。仔细观察台阶的朝向，3个方块的位置稍微有些复杂，仔细参照 POINT 部分。

重点 POINT!

内部装饰的布局

二楼部分放置了大量的书架来建造附魔的空间。虽然二楼比一楼稍微狭窄一点，但也有放置床的位置。充分利用二楼的空间吧。

重点 POINT!

注意台阶的朝向

近距离观察3个方块的位置，是下图中的样子。因为台阶的形状会根据连接方法不同而发生变化，放置的时候一定要组合成图中的样子哟。

⑭

圆石半方块

用松木原木和圆石半方块建造顶棚上的房梁。

STEP 3 建造屋顶并完成整栋房屋的建造

屋顶的建造是收尾部分。屋顶的基本构造是直线形的，所以并没有那么复杂。需要注意的是玄关部分的屋顶。破坏掉屋顶的一小部分，然后重新建造新的屋顶。

圆石台阶

圆石

如图放置圆石台阶，在图中标示的位置放置圆石。

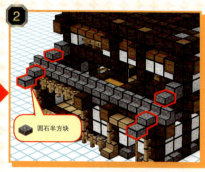

圆石半方块

继续如图放置圆石半方块。

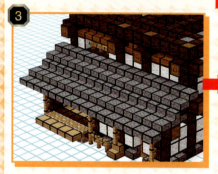

为了将刚才的骨架覆盖起来，如图放置圆石半方块建造屋顶部分。

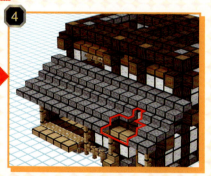

斜着不太好看。如图，从下往上将屋顶部分分别破坏掉3个、3个、1个方块。具体图示可以参照POINT部分。

POINT! 重点

仔细观察需要破坏的部分

破坏屋顶的一小部分时，参考一下这张图片吧。破坏掉3个半方块后再继续破坏掉3个半方块，最后破坏掉1个台阶。注意不要弄错哟。

橡木栅栏

圆石台阶

在刚才破坏掉的位置分别如图放置圆石台阶和橡木栅栏，将台阶摆放成"L"形吧。

圆石半方块

在顶部空白部分放置圆石半方块。这样，小屋顶就建好了。

圆石台阶

橡木栅栏

在两侧的边缘部分放置圆石台阶。因为是左右对称的，所以里侧的建造方法可以参考这一侧的。

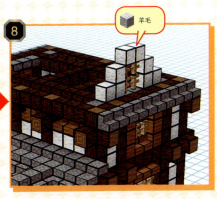

羊毛

如图放置橡木栅栏，并将羊毛放置成三角形，将栅栏包围起来。

对面一侧也建造

对面一侧也要建造，而且形状相同。这部分会成为屋顶的骨架。

对面一侧也建造

圆石半方块

用圆石半方块建造屋顶上的窗户的窗檐。这是非常细节的部分，可以让房屋看起来更具日式风格。

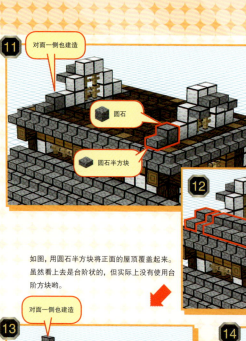

11 对面一侧也建造

圆石

圆石半方块

用圆石台阶建造正面一侧的边缘部分。另外，分别在屋顶的两侧放置圆石和圆石半方块。

12 圆石半方块

如图，用圆石半方块将正面的屋顶覆盖起来。虽然看上去是台阶状的，但实际上没有使用台阶方块哟。

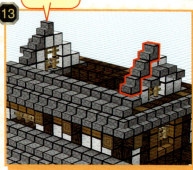

13 对面一侧也建造

在两侧屋顶的骨架部分添加圆石台阶，这部分会直接成为屋顶哟。

14

继续往上放置圆石台阶，铺满屋顶。

15 对面一侧也建造

圆石半方块

背面一侧的建造过程同"步骤14"一样。在两侧屋顶的顶端放置圆石半方块，更加强了日式的感觉哟。

完成！

第4章

建造标志性房屋

树屋

这栋房屋是建造在丛林之中的，如秘密基地一样。人们都憧憬在树屋生活，而这样的梦想在我的世界中是很容易实现的。在树根处放置流水，打造充满活力的自然环境。

使用的方块

■土方块　■云杉木原木　■橡木木板　■橡木原木　■橡木半方块　■橡木台阶　■石头半方块　■松木台阶　■橡木栅栏　■玻璃板　■木活板门　■石砖台阶　■黑橡木台阶　■金合欢叶子　■可可豆

底座的形状

这栋房屋分为生活空间和露台两部分。在地面上的空白处种植一些草木，让它看上去更像树屋。

从侧面看到的形状

树屋的后面开着五颜六色的花朵。向上高高堆积的草方块更能够打造出自然地形的感觉。

第4章　建造标志性房屋

STEP 1 建造底座

高低差十分复杂的树屋的底座形状是比较特殊的，玩家有必要仔细观察图片并认真建造。流动的水也需要在这一阶段建造。

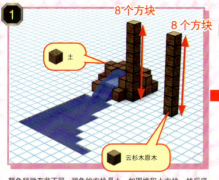

8个方块
8个方块

土

云杉木原木

颜色稍微有些不同，褐色的方块是土。如图堆积土方块，然后竖着放置8个云杉木原木方块。

橡木原木

如图组合橡木原木和土方块。形状稍微有些复杂，仔细观察图片吧。

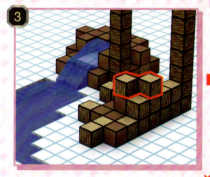

在图中标示的位置放置2个橡木原木。

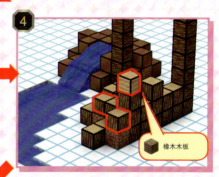

橡木木板

在面前一侧的土方块上放置橡木原木，然后继续在图中标示的位置放置橡木木板。

橡木木板半方块

在图中所示位置用橡木木板半方块建造建筑物的基础部分。

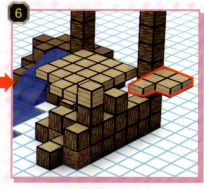

在右侧添加"3块+2块"形状的橡木木板半方块。

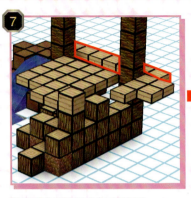

7

在原木柱子的后侧添加 7 个橡木木板半方块。

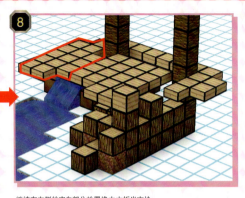

8

继续在左侧的空白部分放置橡木木板半方块。

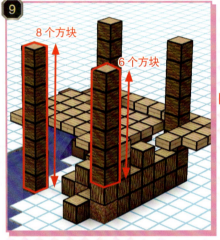

9

8 个方块

6 个方块

在图中所标示的位置搭建两根云杉木原木的柱子，左侧是 8 个方块，右侧是 6 个方块。

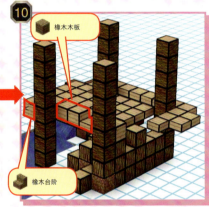

10

橡木木板

橡木台阶

放置橡木木板和橡木台阶吧。橡木台阶的位置不太方便看，参考 POINT 部分。

POINT!

里侧台阶的放置

这一部分是设计图中看不清的地方，参考这张图片放置吧。在云杉木原木上面放置橡木台阶。

11

橡木木板半方块

在面前这一部分放置橡木台阶和橡木木板半方块。

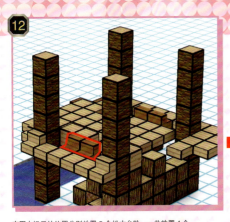

12

在图中标示的位置分别放置 2 个松木台阶，一共放置 4 个。

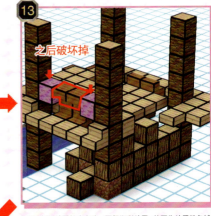

13

之后破坏掉

如图，颠倒放置松木台阶。要想顺利放置，就要先放置粉色辅助方块。

14

松木台阶

破坏掉粉色方块之后，接下来放置石头半方块。在第二层竖着堆放 2 个半方块。

POINT!

重点

内部装饰的布局

照片中只是内部装饰布局的一个例子。可以配备熔炉、箱子、药水合成等必要功能的家具，也可以根据其他的目的放置床以及工作台等。

15

橡木木板

石头半方块

在图中所示的位置分别放置 2 个橡木木板 。

STEP 2 建造骨架

建完底座之后，接下来就是墙壁、柱子等建筑物骨架部分的建造了。还要建造两扇窗、一扇门，以及比任何地方都有特点的露台的出入口。露台空间是开放的，十分通透。

1 石头半方块

在刚才堆放的橡木木板上放置 2 个石头半方块，共四处。2 个半方块看上去和 1 个方块一样。

2 橡木木板

为了将两侧的墙壁覆盖起来，如图放置橡木木板。从里面看到的形状可以参考 POINT 部分。

3 玻璃板

一边观察设计图一边放置玻璃板和门。左侧宽敞的入口处是为了营造通透感而故意空出来的。

POINT! 重点

从里面观察

从里侧看到的左侧的形状是图中这个样子的。在入口处的上方放置松木台阶打造屋檐吧。虽然只是稍微下点功夫，但添加这一部分之后，房屋看起来会更真实。

4 松木台阶

在四个角落的石头半方块上分别放置松木台阶。

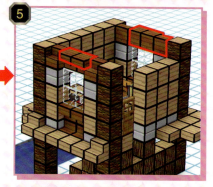

5

为了将"步骤 4"中台阶和台阶之间的空白填补起来，如图颠倒放置松木台阶，注意台阶的朝向。

STEP 3 建造屋顶

建好地板和墙壁之后，接下来建造屋顶，以完成建筑物基本轮廓的建造。虽然三角形的屋顶看上去比较复杂，但只要一边参考设计图一边建造即可。而且左右是对称的，构造相对简单。

1

橡木栅栏

在图中所示的位置放置橡木栅栏吧。这会成为支撑屋顶的骨架部分。

2

木活板门

用来装饰的木活板门通过右击放置可以紧紧地贴在墙壁上。

3

橡木栅栏

如图，一边考虑屋顶的形状，一边将栅栏摆放成"凸"字形。

4

对面一侧也建造

面前一侧也同样放置橡木栅栏，在最开始放置的栅栏后面放置。

从里侧看到的形状

设计图中看不清楚的地方可以参考这张图片。石砖台阶的朝向等基本和设计图一样。不过，不需要在中间空出一部分，而是将它们全部连接起来。

5

对面一侧也建造

石砖台阶

如图，将石砖台阶放置到两侧边缘。对面一侧的放置参照 POINT 部分。

建造交通工具模型

建造有趣的房屋

建造酷炫的房屋

建造标志性房屋

成为优秀的工匠——旧建筑翻新改造

6

之后破坏掉

在图中标示的位置放置粉色辅助方块，为下一步做准备。

7　松木台阶

利用刚才放置的辅助方块，按照图中所示的朝向放置松木台阶。

8

之后破坏掉

如图，继续放置辅助方块，建造屋顶的三角形部分。

9　黑橡木台阶

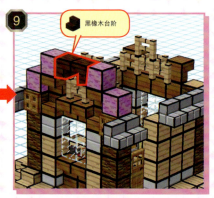

利用刚才放置的辅助方块放置黑橡木台阶。注意，和下面的台阶朝向是不一样的。

10

之后破坏掉

继续如图放置辅助方块，下一个步骤中需要使用，所以暂时不要把它们破坏掉。

11　石砖台阶

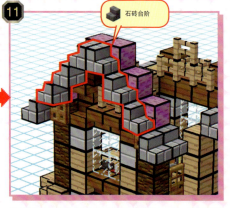

紧贴着辅助方块放置石砖台阶，并把它们摆成三角形。这是屋顶的外框部分。

12

对面一侧也建造

对面一侧也按照相同的顺序建造。这样一来，屋顶的骨架部分就完成了。接下来覆盖整个屋顶。

POINT! 重点

从里侧观察

可以通过这样摆放台阶的方式建造屋顶。骨架部分的建造比较麻烦，但在架好骨架后，如图放置方块，就相对简单了。

13

黑橡木台阶

用黑橡木台阶将里侧的屋顶覆盖。设计图中看不太清楚，可以参考 POINT 部分。

前面这一侧也一样用方块填补。重点是两个方块之间的空白处不需要填补，空着即可。

14

空出2个方块

STEP
4

打造细节部分

建造完屋顶之后，建筑物的基础部分就完成了。接下来，为了让它看上去更像树屋，开始细节部分的打造。稍微下点功夫就可以让它看上去更真实。

1

橡木原木

在下面铺设一层橡木原木。因为形状是比较随意的，所以摆放的时候仔细观察设计图吧。

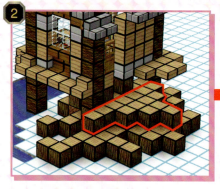

在刚才的底座上继续堆放一层橡木原木。

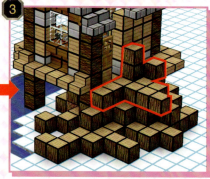

继续堆放,将橡木原木堆放到树屋的入口处。

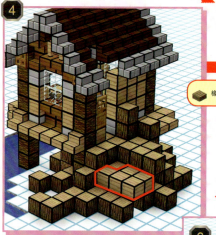

在橡木原木的底座上放置橡木木板。

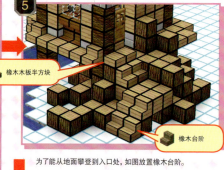

橡木木板半方块

橡木台阶

为了能从地面攀登到入口处,如图放置橡木台阶。

POINT!
重点

从里侧观察

在半方块上放置栅栏,露台会变得比较窄,所以要从半方块外侧开始放置,并紧贴着半方块的外侧。

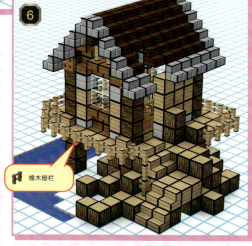

橡木栅栏

用橡木栅栏将房屋周围的露台包围起来。不过要注意,不要因为一不小心而从此处坠落下去哟。

7

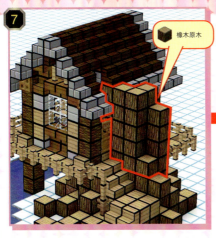

橡木原木

在入口处的右侧用橡木原木搭建一个大隔断。这是树屋的树干。

8

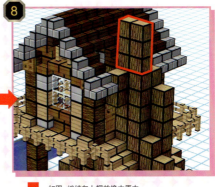

如图，继续向上摆放橡木原木。

9

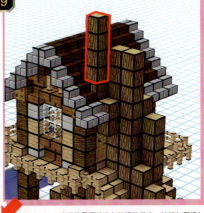

为了将屋顶的空白处填补起来，继续如图添加橡木原木。

用骨粉培育草

在草方块上撒骨粉，被撒上骨粉的地方就会长出杂草，有时也会长出美丽的花。如果一直未长出花，玩家可以移植自然生长的花到这里。

完成！

10

以刚才延伸出来的橡木原木为基准，在屋顶的上方如图摆放原木。自由地摆放吧。用金合欢的叶子做树的叶子，将可可豆紧贴到云杉的原木部分，这样就建好了！

古代研究所

这个有意思的研究所的各个部分基本上都是由木头建造的。因为多次利用了曲面，所以这栋房屋给人一种很温暖的感觉。内部构造很简单，只有一层楼，可以在高高的房顶和宽敞的空间里进行附魔以及配药工作哟。

使用的方块

- ■橡木木板　■橡木门　■橡木原木　■橡木台阶　■白色玻璃　■橡木栅栏　■橡木木板半方块
- ■白色玻璃板　■圆石墙壁　■紫红色羊毛　■金合欢原木　■松木台阶　■玻璃

底座的形状

这是从上方看到的底座的形状，被建成了"十"字形。

从侧面看到的形状

不管从四个方向的哪一个方向看，侧面的形状基本上没有发生变化。木板之间镶嵌的玻璃给人一种优雅的印象。

STEP 1 建造底座

从底座部分开始建造。首先铺设"十"字形的
地板，然后以此为基准巩固底座。因为工序不
是很多，早点将它建好吧。

1 14 个方块

橡木木板

14 个方块

橡木门

在 14 个方块见方
的空间里，将橡木
木板铺成"十"字
形做地板。在入口
处放置2个橡木门。

2 橡木原木

在地板的四个角落分别斜着放置3个橡木原木，在作为墙壁
的三处位置分别放置2个橡木原木。

3 橡木台阶

在底座的周围如图放置7个橡木台阶。这个时候的台阶是
颠倒的，并且有落差的一面是朝向外侧的。

POINT!

颠倒放置台阶

要颠倒放置橡木台阶。紧贴着橡木原木放置，
会使操作变得更简单。

STEP 2 建造墙壁

接下来建造支撑巨大屋顶的墙壁和柱子。如果
这一部分建得比较结实，建筑物整体看上去就
会比较稳固。一边小心翼翼地放置原木方块，
一边建造吧。

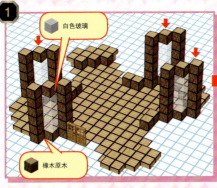

1 白色玻璃

橡木原木

如图，在柱子底座的两端分别斜着放置三组6个方块高的橡木原
木来建造墙壁部分。墙壁中间都要放置4个白色玻璃。

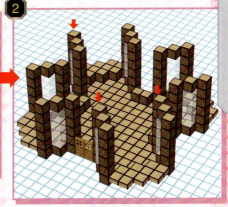

2

在剩下的两根柱子的缺口处也按照相同步骤建造墙壁。

169

③

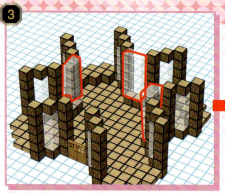

在墙壁的中间将白色玻璃放置成宽 2 个方块、高 5 个方块的长方形，代表窗户。注意，不要在门的上方放置哟。

④

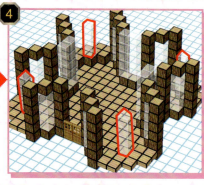

在四个角的柱子底座上如图竖着放置 4 个白色玻璃。

⑤

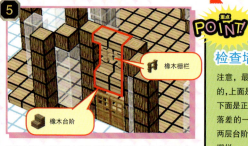

橡木栅栏

橡木台阶

在橡木门上方从下往上依次放置橡木台阶、橡木台阶、橡木栅栏、橡木台阶。

POINT!
重点

检查墙壁的形状

注意，最上方和最下方的橡木台阶的朝向是相反的，上面是颠倒放置的，下面是正向放置的，有落差的一面朝向外侧。两层台阶中间夹着橡木栅栏。

POINT!
重点

放置家具

在进行下一步骤前，先摆放家具。图片中只是示例之一，按照自己的喜好摆放吧。

⑥

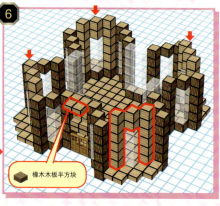

橡木木板半方块

为了将四角上的窗户包围起来，如图，在玻璃两侧分别竖着放置 6 个橡木木板，在橡木门最上面一层的橡木台阶上横着放置 2 个橡木木板半方块。

在橡木木板和白色玻璃中间竖着放置 4 个白色玻璃板，再在玻璃板上方放置橡木台阶。内部装饰也可以根据自己的喜好进行哟。

⑦

白色玻璃板

橡木台阶

8

| 圆石墙壁 | 橡木栅栏 |

如图，在柱子上安放橡木栅栏，在墙壁、入口处的玄关屋顶上放置圆石墙壁，然后在圆石墙壁上竖着放置 4 个橡木栅栏。

STEP 3 建造巨大的屋顶

建造这栋建筑的屋顶。屋顶可以说是这栋建筑的最大特点了。屋顶不是直线形的，而是比较平缓的曲线形，所以建造起来比较困难。但是，只要按照步骤并且仔细观察设计图建造，就一定能克服困难！

重点 POINT!

半方块的位置

在左边的步骤中，半方块是放置在上半部分的。因为这里面是一个小洞，所以借助辅助方块紫红色羊毛来放置半方块吧。之后破坏掉即可。

1

在上面一层放置　之后破坏掉

| 橡木木板半方块 |

为了能够让墙壁以及入口玄关处的屋顶的建造变得容易，首先在白色玻璃旁边暂时放置辅助方块，然后在辅助方块旁边分别横着放置 2 个橡木木板半方块。

2

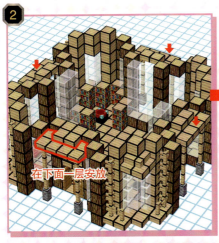

在下面一层安放

为了将方块包围起来，如图，在下半部分放置 6 个橡木木板半方块，四个地方都要放置，然后拿掉紫红色羊毛。

3

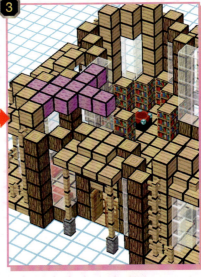

如图，为了建造好屋顶，先放置紫红色羊毛。

橡木木板

如图，在辅助方块的旁边放置橡木木板。

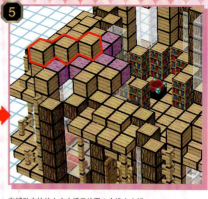

在辅助方块的上方也横着放置 3 个橡木木板。

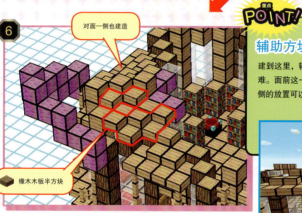

对面一侧也建造

橡木木板半方块

如图，在橡木木板的空隙处放置橡木木板半方块。然后，为了方便屋顶尖角部分的建造，如图放置辅助方块。

POINT!
重点

辅助方块的放置方法

建到这里，辅助方块的放置就会变得比较困难。面前这一侧和内侧的形状是一样的，内侧的放置可以按照面前这一侧进行。

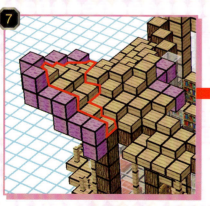

为了将橡木木板和紫红色羊毛之间的空隙填补起来，如图放置橡木木板半方块，建造屋顶的尖角部分。

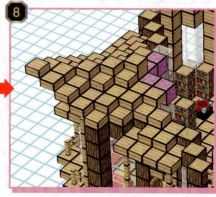

不要忘记拿掉紫红色羊毛哟!

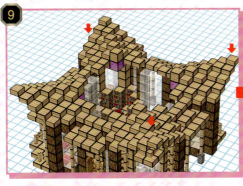

一定要记得把紫红色羊毛拿掉哟!

建造其余三个尖角部分,建造方法和已经建好的部分相同。

STEP 4 完成最上面一层的建造

建造研究所的最后一道工序是顶点部分的圆形屋顶的建造。如果能够掌握圆形的建造方法,就可以应用到各种建筑物上。不过难度还是比较高的,如果不小心弄错了,接下来的方块就没有地方放置了,一定要慎重!

橡木原木

金合欢原木

建造屋顶的上半部分之前,先建造墙壁。如图,竖着放置五组橡木原木,将屋顶上面空洞处的凹陷部分填补起来。从上面开始数,在第二层放置金合欢原木,让建筑物看上去更有特色。

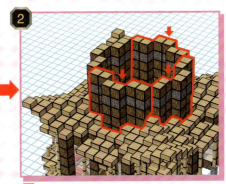

其余三个部分的建造方法是一样的。

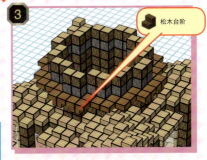

松木台阶

从上开始数,在第三个方块的位置放置松木台阶。中间这两个台阶是颠倒放置的,有落差的一面是相对的。然后,它们旁边的两个台阶的落差面是朝向外侧的,放置的时候要仔细观察图片。

POINT!

颠倒放置的台阶方块

在右边的步骤中,台阶方块是颠倒放置的。为了避免在这一圈都放置完成以后才发现有些方块放错了,玩家要在一开始的时候就确认台阶的放置。

4 橡木栅栏

在松木台阶上方放置橡木栅栏。

5 松木台阶

在橡木栅栏的上方继续放置松木台阶。

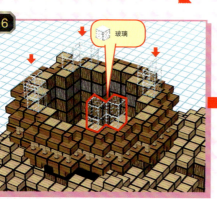

6 玻璃

在屋顶的四角分别放置两组 2 个方块高的玻璃。

7 橡木木板

在每个玻璃旁边竖着放置 2 个橡木木板。为了将木板连接起来，在橡木木板中间放置两组 2 个方块高的橡木木板。如图，中间两组橡木木板和地面之间有 1 个方块的距离。

8

为了将屋顶上的空洞填补起来，如图，用橡木木板摆放成一个 6×6 个方块的正方形。中间部分要和设计图中一样空出来。

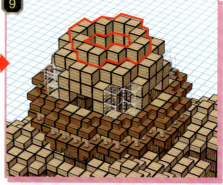

9

如图，继续堆积橡木木板。

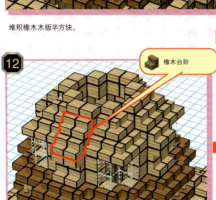

10 橡木木板半方块

堆积橡木木板半方块。

11 橡木台阶

为了将空出的小洞堵住，如图放置橡木台阶，四个地方都需要放置。下面的台阶正向放置，上面的台阶颠倒放置。

12 橡木台阶

如图放置橡木台阶，将屋顶打造成圆形。

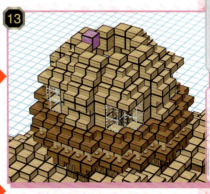

13

为了放置填补屋顶的方块，在图中标示的地方放置辅助方块，进行标记。

14 橡木木材

完成！

在辅助方块的旁边放置 2×2 个方块的橡木木板。将空隙填补完，房屋就建好了！

中世纪宫殿

难易度　★★☆

这多么像在以中世纪欧洲为舞台背景的游戏中出现的建筑物啊。中间的圆顶建筑物的建造方法比较复杂，仔细看图，挑战一下吧！中间部分建好以后，再搭建旁边的四根柱子，建造就完成了。

使用的方块

■下界水晶方块　■石头半方块　■自动唱片机　■橡树叶子　■石砖　■下界水晶台阶　■石砖台阶　■橡木门　■圆石墙壁　■橡木栅栏　■砖台阶　■梯子　■玻璃　■砖块　■白色玻璃板　■橡木栅栏门

底座的形状

这栋建筑物的特点是四角的轮廓都一样。

从侧面看的形状

中间的大建筑物是主要的居住空间。角上的塔的面积比较小，所以只起了装饰作用。

STEP 1 建造底座

为了建造中心部分的宫殿，先建造底座吧！注意，为了将底座建造得看上去像圆形，很多方块都是斜着放置的。屋外的装饰也在这个步骤中一起完成吧。

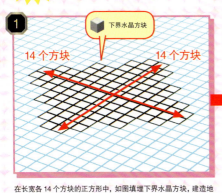

1

下界水晶方块

14 个方块　　　14 个方块

在长宽各 14 个方块的正方形中，如图填埋下界水晶方块，建造地板部分。

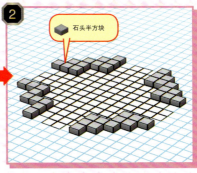

2

石头半方块

如图，在四角放置石头半方块。

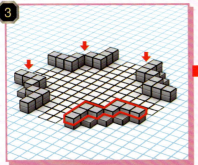

3

如图，继续放置一层石头半方块。

4

橡树叶子　　　自动唱片机

为了装饰四个入口处，分别在左右两侧放置 2 个自动唱片机，然后在自动唱片机上面放置橡树叶子。

5

下界水晶方块

5 个方块

在"步骤 3"中放置 2 个石头半方块的地方放置三组下界水晶方块，每组 5 个。要在距离橡树叶子 1 个方块的地方放置哟。

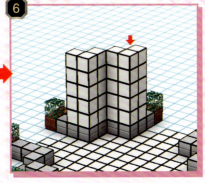

6

然后，在它的旁边继续放置三组下界水晶方块，每组 5 个。

⑦

在方块与方块之间的最上面放置 1 个下界水晶方块。

⑧

7 个方块

如图放置两根 7 个下界水晶方块高的柱子，
这部分会成为攀登到阁楼的梯子的底座。

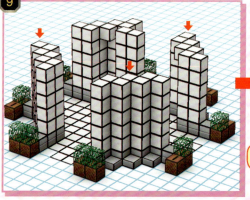

⑨

剩下的三个角也按照"步骤 5"至"步骤 7"放置下界水晶方块。

⑩

石砖

在左右两侧入口处的自动唱片机和下界水晶方块中
间的石头半方块上竖着堆放 4 个石砖。

⑪

下界水晶方块

在石砖的柱子中间分别搭建 4 个下界水晶方块高的柱子，
然后在这两根柱子的最上层放置下界水晶方块，将这两根
柱子连接起来。

⑫

下界水晶台阶

在方块下面的左
右两侧分别颠倒放
置下界水晶台阶，
落差面是朝向内侧
的。下方继续颠倒
放置 2 个台阶
块，落差面是朝向
外侧的。

重点 POINT!

颠倒放置台阶方块

入口处上方的台阶方块是颠倒放置的，台阶方块上
面也使用了台阶方块，不过要仔细看一下，最上面
的方块朝向跟下面的不一样。

13

石砖台阶

在将入口处包围起来的下界水晶方块和石砖上面横着放置 6 个石砖台阶。

14

剩下的三个地方也按同样方式放置，将入口处包围起来。

15

橡木门

在入口处放置 2 个橡木门吧。

16

圆石墙壁

橡木栅栏

在左右两侧自动唱片机的旁边依次竖着放置圆石墙壁、橡木栅栏、圆石墙壁，这部分会成为玄关顶的柱子。

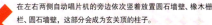

17

砖台阶

在两侧最顶层的圆石墙壁上面分别放置 2 个砖台阶。如图，将砖台阶摆放成拱形。

18

然后在拱形屋檐的中间部分颠倒放置 2 个砖台阶，这 2 个台阶的落差面是相对的。

19

其他的三处入口也建造一样的玄关顶，建造方法与上一步相同。

20

梯子

进行内部装饰。放置攀登到阁楼房间的梯子和熔炉、箱子等物品，可以按照自己的喜好进行装饰。

21

8 个方块

8 个方块

在顶棚放置一层下界水晶方块，面积为 8×8 个方块。这时候要记得留出能够攀登到阁楼的空白部分，空白部分是 2×2 个方块。

22

在顶棚四角如图放置 4×2 个方块的下界水晶方块。

POINT!

打造内部装饰

在"步骤 21"建造顶棚将房间盖起来之前，可以先装饰一楼。居住空间是十分宽敞的，可以放置一些用来生存的道具。

STEP 2 建造二楼

建造二楼吧。先建造柱子，再建造屋顶。柱子和屋顶都是建筑物的基础，一定要边观察图边认真地建造。

POINT!

使用栅栏门

装饰一楼和二楼的时候可以使用栅栏门。仔细看一下，图中的中间部分是栅栏门。这样可以让房屋看上去更酷炫。

1

橡木栅栏

如图放置橡木栅栏和橡木栅栏门，将顶棚包围起来。

2

下界水晶方块

在顶棚的四边分别横着放置 4 个下界水晶方块。

3

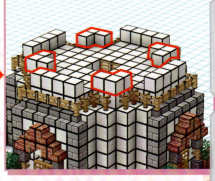

继续在顶棚的四角上如图放置 3 个下界水晶方块。

4

下界水晶台阶

放置下界水晶台阶将顶棚包围起来。这时候的台阶方块是颠倒放置的，而且落差面是朝向外侧的。

POINT!
重点

颠倒放置台阶

栅栏上方的下界水晶台阶是颠倒放置的。将它围绕顶棚摆放一圈。

5

玻璃

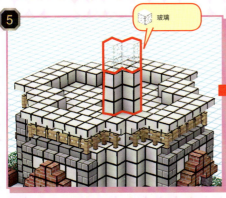

如图竖着放置 3 个下界水晶方块，要放置两组，这一部分会成为支撑屋顶的柱子。然后在这两根柱子上面分别竖着放置 2 个玻璃。

6

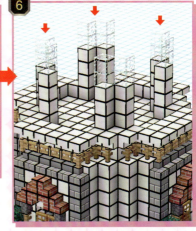

如图，在剩下的三个地方也建造支撑屋顶的柱子，建造方法同"步骤 5"。

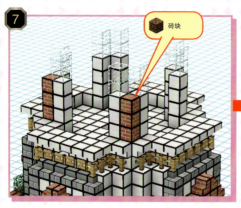

砖块

在柱子外侧的空白处竖着放置 3 个砖块，所有的柱子外侧都要放置。

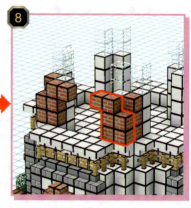

如图，继续在外侧放置砖块。

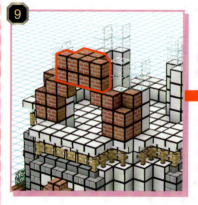

继续在两根柱子的上面放置砖块，宽为 4 个方块，高为 2 个方块，在里面紧贴着玻璃方块的最上层也放置 2 个砖块。

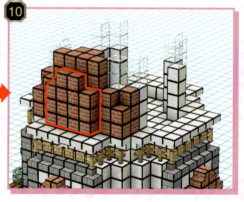

如图放置砖块，宽为 4 个方块，高为 3 个方块，将屋顶的洞堵住，然后在这个长方形上面横着放置 2 个砖块。

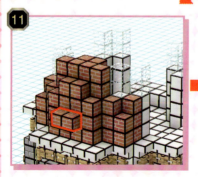

为建造圆顶状屋顶的底座，如图放置 2 个砖块。

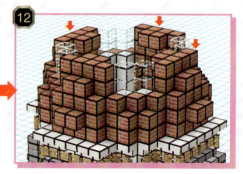

其余三个角也按照"步骤 8"至"步骤 11"放置砖块。

第4章 建造标志性房屋

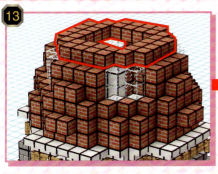

13

为了将屋顶的上半部分覆盖起来，如图，在玻璃中间放置的砖块上面放置 4 个砖块。四边全部放置完成以后，在内侧继续如图放置砖块。

14

如图放置砖块，将屋顶的洞覆盖起来。

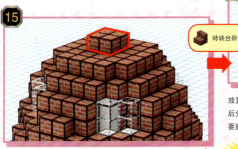

15

继续放置 2×2 个方块的砖块。

砖块台阶

16

放置砖块台阶。台阶是颠倒放置的，落差面是朝向外侧的。然后分别在颠倒放置的台阶两侧正向放置 1 个砖块台阶。四边都要放置哟。

重点 POINT!

用台阶来缓和落差

在有落差的地方放置台阶方块可以缓和落差，呈现平缓的斜面，而且从远处看上去就跟圆形似的。

17

四个方向都要建造

在"步骤 10"中放置的砖块的左右两侧分别放置 2 个砖块台阶。在"步骤 11"中放置的砖块上面也放置 2 个砖块台阶。

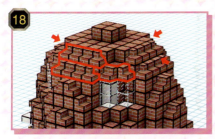

18

为了将屋顶打造成圆顶状，如图，在屋顶上面放置砖块台阶。

石砖台阶

19

在屋顶凸起的 2×2 个砖块的周围放置石砖台阶，每个面放置 2 个，四面都要放置。

STEP 3 建造四座塔

来建造将宫殿的中间部分包围起来的四座塔吧。塔又小又简单，所以不用费多大力气就能建好。这四座塔的形状都是一样的，建好一座后，剩下的三座按照相同步骤建造即可！

下界水晶方块

为了装饰宫殿周围，在四角上的自动唱片机中间放置下界水晶方块。如图，下界水晶方块被摆放成了2个方块高的"十"字形柱子。

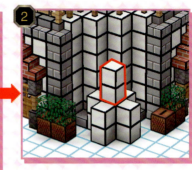

在"十"字形柱子上继续竖着放置2个下界水晶方块。

下界水晶台阶

为了将柱子的底部和下半部分包围起来，如图放置下界水晶台阶，上半部分的一圈下界水晶台阶要颠倒放置。

POINT!

上面的台阶是颠倒放置的

左图中看不太清楚，上面的台阶方块是颠倒放置的。在中间的下界水晶方块的周围也如图放置一圈。

下界水晶方块

在上面继续用下界水晶方块建成一根相同的"十"字形柱子，在柱子上面放置1个下界水晶方块。

下界水晶台阶

如图放置下界水晶台阶，将柱子最上面的方块包围起来。

6

如图，在"十"字形的方块之间放置白色玻璃板。

白色玻璃板

7

砖块

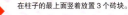

在柱子的最上面竖着放置 3 个砖块。

8

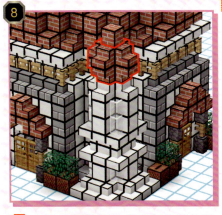

在下面两个砖块的周围放置一圈砖块台阶，将砖块包围起
来。下面的台阶是颠倒放置的哟。

POINT!

组合方块

如图，将砖块台阶上下组合起来放置，台阶
的形状会发生变化而且变得很酷炫。放置台
阶的时候要紧贴中间的砖块。

9

橡木栅栏

圆石墙壁

在最上面一层的砖块上方竖着放置 2 个圆石墙壁，然
后继续在这上方竖着放置 2 个橡木栅栏。在其余三个
角落也建造相同的柱子，之后宫殿就建好了！

完成！

水车原木屋

大水车是十分吸引人的双层原木屋，水车的下面真的有流水哟。虽然可以和示例一样建造在平地上，但是如果将水车下面的流水建在河边，流水看上去会更自然。

使用的方块

■橡木原木　■橡木木板　■橡木台阶　■橡木木板半方块　■橡木栅栏　■橡木栅栏门　■石砖台阶　■石砖半方块　■石头半方块　■玻璃板　■木活板门　■圆石墙壁　■金合欢原木　■金合欢叶子　■铁栅栏　■黑橡木台阶

底座的形状

可以看到木板和原木是分开放置的。底座部分使用的是木板，墙壁和柱子部分使用的是原木。

从侧面看到的形状

在飘窗部分建造了一个小屋檐。不管从哪个角度看，这栋建筑物都是精心设计的。

STEP 1 建造底座

先建造底座，底座是建筑物的基础。不要把建筑物直接建在地面上，而是建在离地面 2 个方块高的地板上。这样才能让房屋看上去充满时尚感。

图中所示的是最基本的底座部分。橡木原木散落在各个地方。仔细观察图片，放置的时候不要出错。

橡木原木

8 个方块
2 个方块
4 个方块
9 个方块

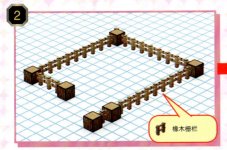

橡木栅栏

如图，用橡木栅栏将方块和方块连接起来。

橡木原木

6 个方块

在三处橡木原木上面竖着放置 6 个橡木原木，面前的这两处原木方块上面只需要放置 1 个橡木原木。

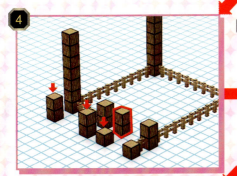

如图摆放 2 个方块高的原木柱子。注意不要弄错它们的位置。

6 个方块

和栅栏之间空出 1 个方块的距离

放置两根 6 个方块高的柱子。这两根柱子比之前放置的柱子要矮 1 个方块哟。

8 个方块
9 个方块

在栅栏的上面放置橡木原木。另外，正面两根 2 个方块高的矮柱子中间也要放置。

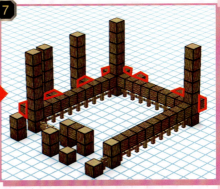

如图，在刚才放置在栅栏上面的方块侧面添加橡木原木。

STEP 2 建造骨架

底座建完之后，建造骨架部分。

铺设一层橡木木板。不要忘记在图中标示的地方放置3个橡木原木，然后在正面的凹陷处放置橡木台阶。

橡木台阶

橡木木板

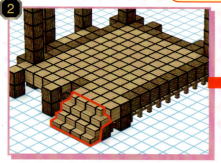

如图放置橡木台阶以便能上下走动。要注意第二层边上的台阶形状。

如图添加橡木木板半方块和橡木台阶，里侧的放置可以参考POINT部分！

橡木台阶

POINT! 从后面确认一下

后面的4个方块的形状是下图中的样子。虽然看不太清楚，但这4个方块都是台阶方块，且下半部分都朝向内侧，上半部分是向面前一侧凸出的。

POINT! 这里也确认一下

橡木原木方块和原木方块之间的台阶方块的朝向，在设计图中看不清楚，可以参照POINT部分的照片。

POINT! 放置辅助方块

按照这个方向放置石砖台阶。如果放置的台阶方块和设计图中的形状不一样，可以尝试放置辅助方块。

石砖台阶

之后破坏掉

在图中所示的位置放置3个辅助方块，然后紧贴着辅助方块横着放置3个石砖台阶。

5

石头半方块

放置完成后，破坏掉辅助方块，然后如图放置石头半方块。

重叠放置半方块

看上去是1个方块的地方其实叠放了2个半方块。重叠放置的石头半方块和普通的石头方块的花纹是不一样的。

6

橡木原木

在图中的位置搭建4个方块高的橡木原木柱子。截至这一步，共建了九根柱子。

7

为了将柱子和柱子连接起来，参考图片放置橡木原木，这是在建造环绕在顶棚上的房梁部分。

8

橡木木板

如图，用和地板材质一样的橡木木板填补柱子和柱子之间的空隙。

9

橡木木板半方块

橡木栅栏

如图，在角落处放置4个橡木木板半方块，然后在其前面放置橡木栅栏。

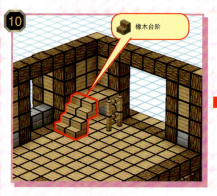

橡木台阶

如图放置台阶。这一部分是楼梯和楼梯平台。

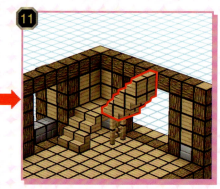

如图，在栅栏上方放置橡木台阶，打造出螺旋楼梯。

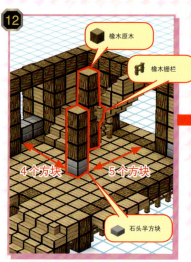

橡木原木

橡木栅栏

4个方块 5个方块

石头半方块

如图搭建橡木原木柱子。面前的这根柱子的下方是2
个半方块。

POINT!

添加半方块

正面左手边上半部分的楼梯是这个样子的，
仔细观察一下吧。

橡木木板半方块

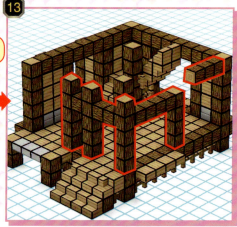

在面前的两侧和正面这一侧也搭建柱子。面前这一侧的两根横着
的柱子和一根竖着的柱子都是不同的，每根柱子之间都有1个方
块差。

橡木木板

橡木木板半方块

橡木原木

如图，逐渐将正面和右侧面填补起来，这样看上去终于像房屋的轮廓了。

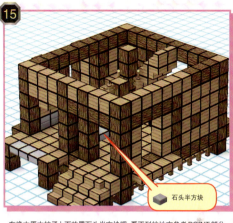

15

石头半方块

在橡木原木柱子上面放置石头半方块吧。看不到的地方参考POINT部分。

POINT!
重点

内部装饰的格局

摆放3个石头半方块，看上去像柜台。不仅可以在这上面放置箱子，还可以放置药水酿造台。这些半方块可以代替柜台哟。

STEP 3 建造水车

一楼建好以后，接下来就该建造面前两侧的水车了。水车是这栋房屋的最大亮点。虽然看上去是十分复杂的，其实只需要很少的工序就可以完成哟。仔细观察图片建造吧。

1

橡木木板

用橡木木板铺设二楼的地板吧。

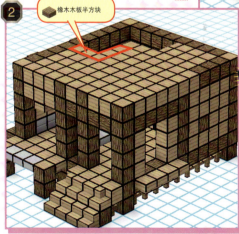

2

橡木木板半方块

虽然从设计图中看不到，但是需要在这一步骤中放置半方块。参考POINT部分吧。

POINT!
重点

从下面确认一下

从下面看就可以明白半方块是放置在这个地方的。这个地方是楼梯的正上方，为了将楼梯顶部建得稍微高一点，这里使用了半方块。

橡木木板半方块

③

POINT!

确认一下里侧的窗户

建筑物的里侧也要安上窗户哟。这个地方不仅要镶嵌玻璃板，放置玻璃板的时候还要向前凸出 1 个方块。如图，可以通过改变窗户的安装方法来建造有新意的房屋哟！

玻璃板

在侧面以及里侧的窗户上镶嵌玻璃板。具体的放置方法参考 POINT 部分。

④

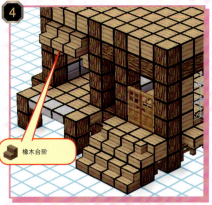

橡木台阶

在正面的左侧上方如图放置橡木台阶来做屋檐部分。

⑤

橡木木板半方块

这次要建造门上方的屋檐了。门的上面空着 1 个方块的空间。

⑥

橡木原木

如图，横着放置 3 个橡木原木，这是水车的轴干。

⑦

橡木栅栏

在刚才建造的轴干的上下左右四个面都放置橡木栅栏。

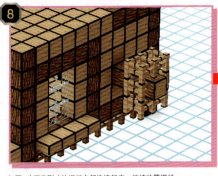

如图，为了将刚才的栅栏全部连接起来，继续放置栅栏。

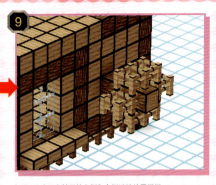

如图，这次只在轴干的左侧和右侧继续放置栅栏。

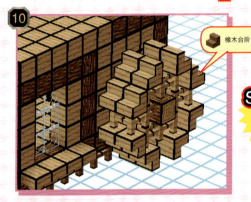

橡木台阶

用橡木台阶表现水车的转轮。这一部分是左右对称的，内侧看不见的部分可以参照前面这一侧建造。

STEP 4 建造二楼

在这个 STEP 中要一口气建造二楼部分以及屋顶骨架哟。虽然这是工作量最大的一部分，而且十分复杂，不过玩家可以通过这一部分掌握很多房屋建造的方法以及技巧。一定要记住这里面的一些小技巧哟。

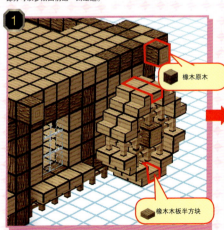

橡木原木

橡木木板半方块

在水车的上面和底部放置橡木木板半方块，然后在图中位置放置橡木原木。

圆石墙壁

木活板门

在图中所示的位置分别放置木活板门和圆石墙壁。

3

橡木栅栏

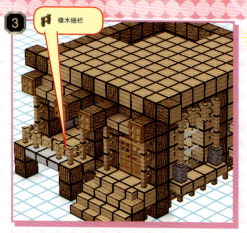

在窗户的周围和屋檐处放置橡木栅栏起到包围作用。

POINT!

重点

确认一下里侧

从设计图中看不清楚里侧的窗户，如图，里侧窗户只有左右两侧放置了栅栏。即使只用栅栏，玩家也可以根据自己的创意来装饰窗户。

4

里侧

橡木台阶

如图，在里侧的侧面放置橡木木板并将它摆放成"凸"字形。

5

里侧

在"凸"字形的外侧继续建造一个相同的"凸"字形，然后在外侧的"凸"字形两边放置台阶。

6

里侧

在外侧"凸"字形上面的方块两侧放置台阶。

7

里侧

在外侧"凸"字形前面如图放置台阶方块。

8

橡木木板半方块

里侧

石头半方块

在半方块的上面放置石头半方块，然后在石头半方块后面放置橡木木板半方块。

9

石砖台阶

里侧

在里侧放置石砖台阶，并将它们摆放成楼梯状。然后在正面的边缘处放置一圈台阶方块。

10

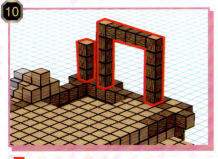

如图，在建筑物的背面放置橡木原木，中间空出 4×4 个方块的空间来。

POINT!
重点

从下面看到的图片

在正面放置的石砖台阶，和图中一样，是向外侧凸出的。建造建筑物的边缘时，基本上是按照这个朝向放置方块的，记住这个诀窍吧。

11

10 个方块

橡木木板

如图用橡木木板将侧面的墙壁填补起来。刚才建造的柱子旁边也要放置哟。

POINT!
重点

建造烟囱部分

石砖台阶的放置方法参考这张图片。这个奇怪的部分是原木屋的烟囱。这是让建筑物看上去更像房屋的一个诀窍，建造的时候不要忘记哟！

12

石砖台阶

金合欢原木

在背面的左侧部分用金合欢原木摆放出一个 2×2×2 个方块的立方体，然后在立方体上面放置 4 个石砖台阶。

13

石砖半方块

铁栅栏

在台阶上面放置铁栅栏，然后在栅栏上面放置石砖半方块。

14

橡木原木

橡木栅栏

如图搭建橡木原木柱子，然后用栅栏将楼梯周边拦起来。

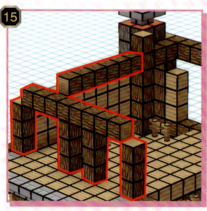

15

在里面的侧面和正面分别放置横着的房梁。这里也是用的橡木原木哟。

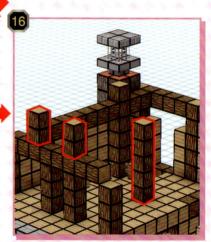

16

在图中所示的位置竖着放置 5 个方块，然后在正面的房梁上面搭建两根 2 个方块高的柱子。

从里侧确认一下

在设计图中看不太清楚的内侧部分其实是这个样子的。烟囱的里侧部分从设计图中完全看不到，可以参照着下图放置橡木原木。最重要的是从各个角度确认建筑物的形状。

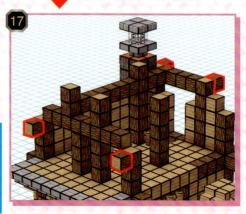

17

在正面和背面各放置 1 个橡木原木。

第4章 建造标志性房屋

196

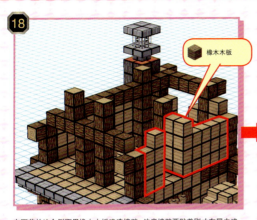

在面前的这个侧面用橡木木板建造墙壁。注意墙壁要贴着刚才在屋内建造的柱子。

在正面和面前的侧面放置橡木台阶，在背面放置橡木木板。注意台阶的朝向。

POINT!

从正面确认

这是从下面看到的台阶的照片，台阶是被放置在正面露台上方的。为了能够打造出房檐的形状，放置方块时，落差面朝向外侧。一边将台阶调整成图中的样子，一边放置吧。

POINT!

从侧面确认

放置在水车侧面的台阶是这个样子的。台阶和房檐一样，是经常被用来装饰窗户的，装饰窗户的时候大部分都是如此放置的哟。玩家要是能够记住这个小装饰技巧，之后装饰房屋的时候会非常方便哟。

在正面露台和露台上面的房檐上放置橡木栅栏门。

POINT!

栅栏门的活用

橡木栅栏经常被用作装饰，但是这次故意在本应该放置栅栏的房檐的部分放置了栅栏门。这样可以稍微改变一下栅栏给人的印象。

玻璃板

21

重点
POINT!

后面窗户镶嵌的是玻璃

正面的窗户是用玻璃板建造的，但是为了让窗户变得不一样，尝试在后面使用玻璃吧。背面一楼和二楼的窗户处于相同的位置，为了将它们区别开，选择使用不同的玻璃素材，这样可以成为一个很大的亮点。

在正面的空白处分别镶嵌玻璃板来建造窗户。背面部分的放置参照 POINT 部分。

22

金合欢叶子

在图中所示的位置放置金合欢叶子来装饰这栋建筑物。插入一些绿色方块后，只有一个色系的房屋顿时变得豪华了。

23

橡木台阶

在面前侧面的窗户上放置橡木台阶。这个地方的台阶可以正常放置。

24

橡木木板

仔细观察图片，在正面、背面、面前的侧面放置橡木木板。

25

橡木栅栏

橡木原木

在面前的侧面放置橡木原木和橡木栅栏，让窗户变得更豪华吧。

STEP 5 建造屋顶

到这里，建造就接近尾声了。最后建造屋顶。屋顶的构造没有建筑物的骨架部分那么复杂，所以建造方法比较简单。再努力一下即可完成整栋建筑物的建造。

1

黑橡木台阶

如图，一边考虑屋顶的形状，一边将黑橡木台阶摆放成斜线形。

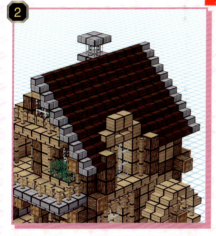

2

用黑橡木台阶将这一面全部覆盖，然后在外侧放置石砖台阶。

POINT!

内部装饰的布局

箱子和床上都铺着地毯，这是一个让人感觉很舒服的房间。床旁边的植物盆栽使用自动唱片机和金合欢叶子来表现。叶子方块也是经常被用来做内部装饰的哟。

POINT!

烟囱和屋顶

如图，用黑橡木台阶将烟囱这一侧的屋顶也覆盖起来，这样就能够建造出从屋顶自然地凸出来的烟囱。烟囱是两个方块的四方形，可以很好地被台阶埋进屋顶里。

3

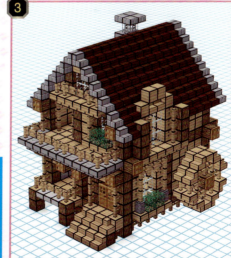

在对面一侧的屋顶放置相同的台阶，放置步骤也和前面相同。

建造交通工具模型

建造有趣的房屋

建造酷炫的房屋

建造标志性房屋

成为优秀的工匠——旧建筑翻新改造

199

4

破坏掉 4 个方块

如图，破坏掉屋顶的 4 个方块，这个地方正好面向面前这一侧的窗户。

5

黑橡木台阶

如图，在不同方向放置黑橡木台阶。

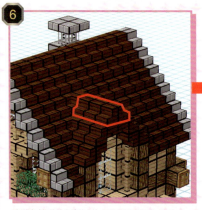

6

在刚才破坏的地方填补方块，并且将它们摆放成一个小屋顶。

7

石砖台阶

使用石砖台阶将屋檐的边缘部分包围起来，放置方法和其他边缘部分相同。这样屋顶就建好了。

8

最后，从水车开始向面前这一侧铺设流水，这样房屋就建好了。

完成！

第 5 章

成为优秀的工匠——旧建筑翻新改造

挑战翻新改造

从零开始建造房屋是非常麻烦的……如果玩家这么想，不妨尝试挑战一下旧建筑翻新改造。我的世界里有很多草原村庄、沙漠村庄、沙漠神殿等建筑物，将这些建筑物进行翻新、改造，使其变得豪华，一定是一件很有意思的事情哟！

来彻底改变建筑物的外观和内部装饰吧！

这是村民住过的房屋，可以将它变成自己的家。即使将它彻底改造也不会激怒村民哟。

只有砂岩和沙子的沙漠村庄让人觉得很没有意思，可以使用黏土和彩色羊毛将村庄建得五颜六色，这一定是一件非常有意思的事情。

将沙漠村庄打造成五颜六色的！

挑战再现世界名胜古迹吧！

我的世界中的金字塔是这样的哟！从基础开始建造一些巨大的建筑物是非常困难的，在原有的建筑物的基础上进行改造，添加一些物品，建造就会变得相对容易。再现世界名胜古迹也是一件非常棒的事吧！

在我的世界中出现的各种各样的建筑物

这是草原上的村庄。草原村庄使用了圆石和橡木木板等方块，色彩比沙漠村庄丰富一点。

这是沙漠村庄，由砂岩和錾制砂岩构成。村民在这里居住。

这是热带雨林中的神庙。神庙隐藏在热带雨林的深处，是谜一样的建筑物。

这是在 PC 1.10 版本中出现的雪屋 (灶状雪屋)，它下面有研究室哟。

这是女巫居住的房屋，里面放置了大锅、调剂台等家具。

这是沙漠神殿，在沙漠中经常能看到它。它下面沉睡着宝藏哟。

这是海底神殿。在生存模式中，可以在这里和强大的远古守卫者进行战斗。

这是隐藏在洞穴深处的怪物之家。使用中间的刷怪塔，说不定可以建造有意思的建筑物哟！

草原村庄

这是在草原上出现的村庄，是村民的生活根据地。虽然这里的建筑物有一些特点，但是只要玩家稍加努力就可以将它们打造得更加豪华。可以一边想象着外国的建筑物，一边将村庄里的教会、学校等建筑物进行翻新改造。快来挑战吧！

第5章　成为优秀的工匠——旧建筑翻新改造

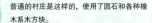

普通的村庄是这样的，使用了圆石和各种橡木系木方块。

使用的方块

- 栅栏
- 金合欢栅栏
- 青色羊毛
- 白色羊毛
- 箱子
- 金合欢台阶
- 金合欢半方块
- 金合欢木板
- 橡木栅栏
- 橡木台阶
- 橡木木板
- 彩色玻璃板
- 黑橡木门
- 下界水晶台阶

原来的样子

村庄里有各种各样的房屋，玩家会发现带院子的房屋。我们将这种院子房屋改造成教会吧。

改造之后

改造时利用了金合欢台阶、半方块等木方块，用羊毛替换了之前建造墙壁的圆石。看上去变化很大吧。

POINT! 1 将院子改造成小牧场

可以在院子里放置海绵，这是用来召唤绵羊的。
放置干草垛也可以。

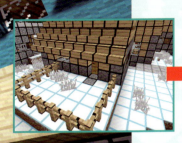 

POINT! 2 尝试改造出一所学校

普通的民宅被改造成了学校，民宅的屋顶和墙
壁都发生了巨大的变化。屋顶的白色部分是下
界水晶台阶。

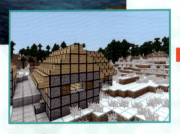 

POINT! 3 水井也可以变成壮观的建筑物

这是在村庄里经常看到的井。玩家可以尝试改变
它的形状，将它改造成休息场所（展览厅）。在
井上面放置一些玻璃板和栅栏等道具吧。

沙漠村庄

伫立在沙漠中的静谧的村庄。村民经常在这里避暑，仅添加一些绿植就可以让人觉得村民在这里过得很舒适。

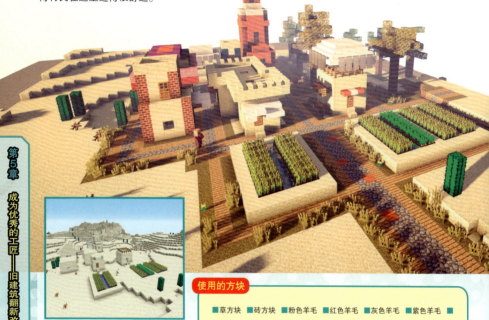

第5章　成为优秀的工匠——旧建筑翻新改造

沙漠房屋的屋顶和墙壁都是由相同色系的方块构成的，看上去十分不起眼。

使用的方块

■草方块　■砖方块　■粉色羊毛　■红色羊毛　■灰色羊毛　■紫色羊毛　■下界水晶半方块　■旗帜　■橡木木板　■圆石　■树苗

原来的样子

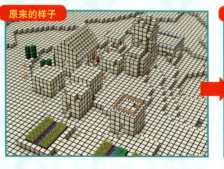

这里的建筑物是由砂岩、砂岩台阶、錾制砂岩等构成的，全是相同色系的方块。

改造之后

添加一些颜色鲜艳的彩色羊毛等方块和一些树木等绿植，可以让村庄发生很大的变化。

POINT! 1

使用羊毛打造五彩屋顶

墙壁和屋顶的颜色可以让朴素的房屋变得醒目。用粉红色、红色等色彩鲜艳的羊毛代替颜色朴素的方块，可以让房屋的整体感觉发生很大的变化。

POINT! 2

即使是豆腐房也可以

在沙漠村庄中经常会发现四角形的房屋（豆腐房）。只要将它们稍微改变一下，房屋的整体感觉就会发生很大的变化。

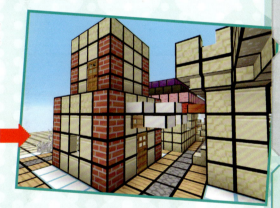

POINT! 3

旗帜可以让房屋变得像帐篷

只是在沙漠村庄中的建筑物上放置白色旗帜就能改变房屋的形象。要是在冶炼屋的玄关处放置旗帜，会使店铺看上去像帐篷。

女巫的房屋

女巫的房屋寂静地伫立在沼泽里。有很多女巫的房屋是建在水边的，所以可以将女巫的房屋用作灯塔。竟然还有这种操作？！出去采蘑菇的女巫回来后看到自己的房屋变成了这样，一定会很惊讶。

第5章　成为优秀的工匠——旧建筑翻新改造

这是女巫的家。女巫的家没有很华丽的装饰，是非常朴素的。但是，女巫可能觉得这样已经很好了。

使用的方块

■柱状下界水晶方块　■圆石墙壁　■下界水晶方块　■下界水晶台阶　■橡木栅栏　■铁门　■拉杆　■石压力板　■玻璃　■彩色玻璃　■玻璃板　■红石灯　■红色羊毛

原来的样子

建造女巫的房屋时，基本上使用的都是木板和原木等木头系列的方块。

改造之后

使用各种下界水晶方块和红色羊毛将它改造成灯塔吧！可以使用红石灯让灯塔发出亮光。

POINT! 1 建造楼梯，让女巫出入变得更方便

为了让女巫进出更方便，如图放置下界水晶方块。如此简单的步骤就可以改变房屋的外观哟。

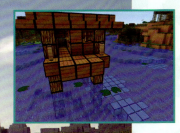

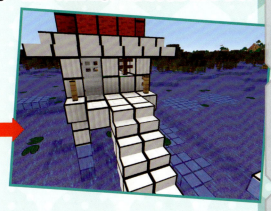

POINT! 2 安装铁门，让房屋更有安全保障

女巫是非常粗心的，别说锁门了，有的时候甚至不关门。如果想把她的房屋建成现代化住宅，可以安装一扇铁门，女巫一定会很开心的。

POINT! 3 建造灯塔将周围照亮

红石灯可以让灯塔发出亮光，使房屋变得醒目，虽然这违背了喜欢低调生活的女巫的心意。

沙漠神殿

简直就像是某个国家的散发着中世纪气息的建筑物。玩家可以将我的世界中很普通的建筑物改造成世界遗迹的样子，大家一定会很惊讶的。

沙漠宫殿两旁的塔上面的花纹十分醒目，可以充分利用这上面的花纹进行改造。

使用的方块

■砂岩　■錾制砂岩　■金方块　■橙色黏土　■干草垛　■下界石砖栅栏
■橡木门

原来的样子

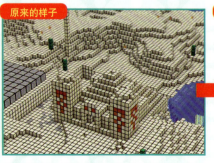

沙漠宫殿主要由砂岩、錾制砂岩和彩色黏土建造而成。

改造之后

在神殿上面铺设金方块，可以让它变得更豪华。中间那一圈的曲线部分是干草垛。

POINT! 1 充分利用花纹让沙漠神殿发生翻天覆地的变化

原封不动地利用正面的花纹。可以将花纹附近的方块打造出凹凸不平的感觉，使它看上去更豪华。在塔和神殿上面放置金方块，会让神殿看上去更完美。

POINT! 2 让宫殿看上去更豪华的装饰

在金方块上面放置萤石，然后在萤石上面竖着放置 1 个下界石砖栅栏，然后再在这上面放置 1 个萤石。这样可以让神殿变得更豪华。

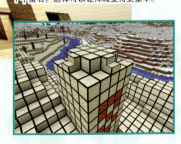

POINT! 3 在侧面的入口处也制作出一些花纹来

神殿的侧面本来就有一扇小门，玩家可以在这扇门附近做出一些花纹。尝试建造只属于自己的豪华后门吧。

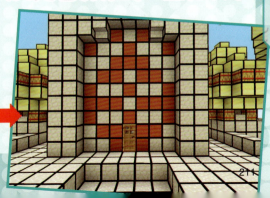

海底神殿

坐落在海底的神殿。玩家平时玩游戏的时候很难在海底发现神殿，运气好的话才可能发现，一旦发现了，就把它当作底座进行改造吧。如果玩家不知如何改造海底神殿，可以暂时把它建成龙宫哟。

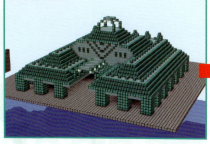

这栋巨大的建筑物的颜色是醒目的祖母绿。它的形状非常适合改造成城堡。

使用的方块

- ■黑橡木木板　■黑橡木台阶　■下界水晶方块　■橡木门　■石砖半方块
- ■石砖台阶　■橡木台阶　■金合欢栅栏　■金方块

原来的样子

改造之后

海底神殿是由海晶石砖和海灯笼等在陆地上基本无法发现的方块构成的。

这是用石砖和金方块进行装饰后的样子，简直和龙宫一模一样。

第5章 成为优秀的工匠——旧建筑翻新改造

212

POINT! 1 精密地建造城堡的顶

使用石砖台阶建造屋顶，然后用橡木台阶装饰屋顶下面，用金合欢栅栏做扶手。这样改造之后，神殿发生了巨大的变化。

POINT! 2 充分利用海底宫殿自带的海灯笼

用石砖代替各种海晶方块。用来照明的海灯笼不做任何改变。

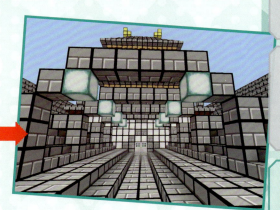

POINT! 3 在楼顶上放置兽头砖

兽头砖可以通过组合台阶方块合成。在下图所示的地方放置兽头砖。

21

版权合同登记号图字06-2018年第328号

图书在版编目（CIP）数据

我的世界.绝密的建筑39技全公开/日本我的世界
职人组合著；杜玉婷译. —沈阳：辽宁人民出版社，
2018.10（2020.6重印）
ISBN 978-7-205-09373-0

Ⅰ.①我… Ⅱ.①日… ②杜… Ⅲ.①电子游戏—
基本知识 Ⅳ.①G898.3

中国版本图书馆CIP数据核字（2018）第197581号

出版发行　辽宁人民出版社
　　　　　　地址：沈阳市和平区十一纬路25号　邮编：110003
　　　　　　电话：024-23284321（邮　购）　024-23284324（发行部）
　　　　　　传真：024-23284191（发行部）　024-23284304（办公室）
　　　　　　http://www.lnpph.com.cn
印　　刷　辽宁星海彩色印刷有限公司
幅面尺寸：145mm×210mm
印　　张：7
字　　数：220千字
出版时间：2018年10月第1版
印刷时间：2020年6月第2次印刷
责任编辑：赵维宁
装帧设计：琥珀视觉
责任校对：吴艳杰
书　　号：ISBN 978-7-205-09373-0
定　　价：56.00元